"十三五"国家重点出版物出版规划项目

诺贝尔经济学奖获得者丛书
Library of Nobel Laureates in Economic Sciences

货币稳定与经济增长
杰出经济学家对话

Monetary Stability and Economic Growth
A Dialog between Leading Economists

罗伯特·A. 蒙代尔（Robert A. Mundell）
保罗·J. 扎克（Paul J. Zak）　主编
张国红　译

中国人民大学出版社
·北京·

献给：

尼古拉斯·罗伯特·蒙代尔（Nicholas Robert Mundell）和亚历山德拉·阿纳斯塔西娅·扎克（Alexandra Anastasia Zak），他们给我们带来了非凡的快乐。

会议参加者

福斯托·阿尔扎蒂（Fausto Alzati）：卢卡斯·阿拉曼国际经济增长中心（CILACE）执行总裁，墨西哥；

戴维·安德鲁斯（David Andrews）：斯克里普学院加利福尼亚州欧洲中心主任，国际关系教授，美国；

斯文·阿恩特（Sven Arndt）：克莱蒙特·麦肯纳学院 C.M. 斯通经济学教授和罗威政治经济研究所所长，会议主持人，美国；

阿曼多·巴基耶罗（Armando Baquiero）：墨西哥银行经济学家，墨西哥；

罗伯特·巴特利（Robert Bartley）：《华尔街日报》编辑，美国；

埃布尔·贝尔特伦·德尔里奥（Abel Beltran Del Rio）：CIEMEX-WEFA 公司总裁兼创始人，美国；

迈克尔·康诺利（Michael Connolly）：迈阿密大学经济学讲席教授，美国；

杰弗里·弗兰克尔（Jeffrey Frankel）：哈佛大学肯尼迪政府学院詹姆斯·W. 哈伯尔资本形成与经济增长教授，前总统经济顾问委员会成员，美国；

赫伯特·格鲁贝尔（Herbert Grubel）：西蒙菲莎大学经济学荣誉教授，加拿大；

阿诺德·哈伯格（Arnold Harberger）：加州大学洛杉矶分校经济学教授，美国；

克里斯托弗·约翰逊（Christopher Johnson）：欧洲货币联盟协会英国顾问，英国；

罗伯特·A. 蒙代尔（Robert A. Mundell）：诺贝尔经济学奖获得

者；哥伦比亚大学经济学教授，会议主席，美国；

罗伯托·萨利纳斯-利昂（Roberto Salinas-Leon）：墨西哥阿兹特卡电视台经济战略部主任，墨西哥；

爱德华多·索霍（Eduardo Sojo）：瓜纳华托州政府经济规划主任，墨西哥；

保罗·萨缪尔森（Paul Samuelson）：诺贝尔经济学奖获得者，麻省理工学院经济学名誉教授，美国；

朱迪·谢尔顿（Judy Shelton）：杜克大学国际商业领导力研究生院国际金融学教授，"掌握美国命运"组织董事会成员，美国；

罗伯特·所罗门（Robert Solomon）：布鲁金斯学会客座学者，美联储理事会前顾问，美国；

保罗·J. 扎克（Paul J. Zak）：克莱蒙特研究生大学经济心理学和管理学教授，美国；

斯特德曼·厄珀姆（Steadman Upham）：克莱蒙特研究生大学校长，美国。

序　言

斯特德曼·厄珀姆
克莱蒙特研究生大学校长

克莱蒙特研究生大学（Claremont Graduate University）每任校长应该都有机会向这样一群杰出的学者致辞。博洛尼亚-克莱蒙特国际货币会议（Bologna-Claremont International Monetary Conferences）具有卓越和严谨的学术态度这一传统，将最优秀和最睿智的经济学家们聚集在一起，就当前最受关注的经济问题进行坦诚而深入的对话。与会者经过精心挑选，代表了广泛的观点，以便更好地激发大家的思考和讨论。博洛尼亚-克莱蒙特国际货币会议已召开了14次，每次会议都会将会议记录编辑成书并出版。上一卷文集名为《货币危机、货币联盟和货币政策行为》（*Currency Crises*, *Monetary Union and the Conduct of Monetary Policy*），由克莱蒙特研究生大学保罗·J. 扎克教授担任主编，并于1999年由爱德华·埃尔加出版公司（Edward Elgar）出版。该文集根据1997年会议的讨论成果编辑而成，有四位诺贝尔经济学奖获得者参加了会议讨论。

今年的与会者同样卓尔不群。与会者和小组讨论所创造的知识成果可以作为博洛尼亚-克莱蒙特国际货币会议及其创始人克莱蒙特研究生大学教授兰德尔·欣肖（Randall Hinshaw）的重要遗产的一部分。1999年的墨西哥会议在增加这份遗产的同时，标志着会议召开地点的改变——远离欧洲和美国，也标志着关注美国与墨西哥和拉丁美洲之间新型经济关系的一个重要机会。

自《北美自由贸易协定》（North American Free Trade Agreement）通过以来，墨西哥和美国已经大大加强了两国之间的贸易伙伴关系。降低关税和开放美墨边境贸易，也大大增加了两国个人和企业的机会。仅在今年 7 月，美国和墨西哥两国的贸易额就超过了 160 亿美元。这种互利互惠的贸易关系导致了美国和墨西哥边境地区的稳定。

正如亚洲"四小龙"发展所证明的那样，贸易开放和政府稳定是实现可持续增长的基本组成部分。未来美国和墨西哥将在经济上不断融合，经济刺激措施将使墨西哥成为拉丁美洲的经济引擎。最后，请允许我邀请各位到克莱蒙特研究生大学进一步讨论经济问题，并继续为博洛尼亚-克莱蒙特国际货币会议的遗产作出贡献。

前　言
不稳定时期的货币稳定和经济增长

罗伯特·A. 蒙代尔和保罗·J. 扎克

　　三十多年来，博洛尼亚-克莱蒙特国际货币会议引发了经济学家对国际货币政策问题的热烈而引人入胜的讨论。该会议让国际经济学领域的顶级专家聚集一堂，围绕世界经济面临的主要问题展开辩论，并将这些问题整理在会议记录中，以供后人参考。本文集沿袭前几本文集的传统，报告了 1999 年 10 月 1 日至 4 日在墨西哥圣米格尔德阿连德市召开的第 15 次博洛尼亚-克莱蒙特国际货币会议的会议记录，该会议主题是"不稳定时期的货币稳定和经济增长"。

　　这次会议有两个有趣的后续。一个是在会议结束 9 天后，会议主席罗伯特·A. 蒙代尔被授予诺贝尔经济学奖；另一个是在会议结束 9 个月后，会议主要发起人、瓜纳华托州州长维森特·福克斯（Vicente Fox）当选墨西哥总统。

　　1999 年的博洛尼亚-克莱蒙特国际货币会议首次在欧美国家以外的地方举行，受到了大多数发展中国家尤其是拉丁美洲国家更为广泛的欢迎。当然，本次会议针对 1994 年 12 月墨西哥货币危机爆发后冲击拉丁美洲的"龙舌兰酒效应"、影响部分东南亚国家但其他国家和地区却奇迹般地免受其影响的"亚洲流感"以及 1998 年的俄罗斯债券违约和 1999 年的巴西货币贬值等问题进行了广泛的讨论。

　　本文集不仅报告了货币管理（管理不善）的历史，而且可以让读者从历史中吸取相关的重要政策教训。该文集记录了当时一些需要解决的问题，包括货币稳定如何影响经济增长，哪些货币制度最容易或最不容易受到危机的影响，各国如何最有效地实现货币稳定，什么时候需要货币联盟，哪些货币稳定的锚可能最有效，欧元的出现将如何影响金融市场和国际货币体系，欧元能否成为美元的竞争对手，是否应该管理三大货币集团之间的汇率，国际货币改革是否可能以及应该朝着什么方向发展。这些话题都引发了与会者的热烈讨论。此外，本文集还记录了出席会议的听众们所提出的问题及其评论。当听众表明身份时，他们的名字也会被记录在本文集中。

今年本次会议最大的两个亮点是罗宾斯讲座和欣肖讲座。罗宾斯讲座是为了纪念英国著名经济学家莱昂内尔·罗宾斯（Lionel Robbins）勋爵。他从 1968 年会议创始到 1984 年去世一直担任会议主席。今年的罗宾斯讲座由罗伯特·A. 蒙代尔担任主讲。

本次会议还为欣肖讲座揭幕，该讲座是为了纪念兰德尔·欣肖而命名的。兰德尔·欣肖是克莱蒙特研究生大学的国际经济学家。从 1968 年开始到 1998 年去世，他管理了整个系列会议，并担任历次会议记录主编。欣肖讲座由加州大学洛杉矶分校名誉教授、美国经济学会前主席阿诺德·哈伯格主讲。

我们很荣幸地邀请到瓜纳华托州前州长维森特·福克斯在休会晚宴上发表演讲。

我们也很高兴地向在圣米格尔德阿连德市举行的本次会议的赞助人致谢，包括 CILACE 公司、瓜纳华托州政府、Ixe 公司、Casa de Bolsa 公司、CEMEX 公司、墨西哥国家银行、蒙特雷技术学院、克莱蒙特研究生大学和约翰·霍普金斯大学博洛尼亚中心。

目　录

第1章 第六届罗宾斯勋爵纪念讲座：
国际货币体系的改革

主持人：罗伯特·A. 蒙代尔

　　我非常荣幸能主持本次罗宾斯讲座。莱昂内尔·罗宾斯勋爵是一位伟大的经济学家，从 1955 年秋天我在伦敦经济学院（London School of Economics）第一次见到他时，我就钦佩、尊敬和爱戴他。他在经济学界具有很大的影响。从 1968 年博洛尼亚-克莱蒙特会议首次召开，他就是我们的会议主席，多年来他为每次会议定下基调并影响了会议议程。我非常高兴，在圣米格尔德阿连德市，在他可敬的家庭成员在场的情况下发表这一演讲。

　　我演讲的题目是"国际货币体系的改革"。这是罗宾斯勋爵本人毕生关注的一个话题。他一直是固定汇率货币体系的坚定拥护者。在 20 世纪 60 年代，他成为欧洲货币的坚定倡导者。如果他今天还健在的话，他会很高兴看到欧元的诞生，他也会对那些希望英国加入欧元区的英国人发出强有力的呼声。但同时，他不会接受由几个大型货币区组成的一个世界作为最终解决方案，而是会支持恢复一个真正的国际货币体系的努力。

一个世纪的动荡

千禧年的临近，促使人们以更长远的眼光来看待事物。现在，回顾整个 20 世纪，我们马上可以把 20 世纪视为人类历史上最伟大创新的世纪，在这个世纪我们认识到了如此众多的令人炫目的革命性创新的重要性：电力、汽车、飞机、电话、收音机、留声机、抗生素、雷达、原子核聚变和裂变、喷气式飞机、火箭飞船、太空时代、DNA、集束燃烧导弹、导弹防护系统、计算机、传真机、互联网、基因革命、克隆等。但我们还必须认识到 20 世纪存在的阴暗一面：人口爆炸、世界大战、意识形态狂热、货币不稳定、恶性通货膨胀及大萧条、种族灭绝、环境恶化和恐怖主义。

在这些科学事件和政治事件的背后，国际货币体系讲述了这样一个问题：20 世纪的政治事件在很大程度上受到了国际货币体系的影响，就如同国际货币体系深受重大政治事件的冲击一样。国际货币体系为我们提供了一条线索，指导我们处理看似毫不相干的经济事件和政治事件。

如果我们把 20 世纪划分为几乎相等的三个时期，就可以看出其中的线索。20 世纪的第一个三分之一时期是国际金本位制。国际金本位制在第一次世界大战期间崩溃，在 20 世纪 20 年代恢复未果，并在 20 世纪 30 年代初通货紧缩和大萧条的压力下再次崩溃。在此时期，黄金是基本的国际价值标准。

20 世纪的第二个三分之一时期始于富兰克林·罗斯福（Franklin Roosevelt）总统在 1934 年制定新的黄金价格，并以采取一系列措施而结束。这些措施始于 1967 年的金池危机，经历了 1968 年建立的"黄金双价制"和 1971 年布雷顿森林体系的崩溃，最终在 1973 年转向普遍实行浮动汇率而达到高潮。在这个时期的大部分时间，其他货币都与美元挂钩，美元在 1971 年之前都与黄金挂钩。在此时期，1944 年的美元"和黄金一样好"，是国际价值的基本标准。

20 世纪的最后三分之一时期是浮动汇率制占据主导。它始于 1967—1971 年战后布雷顿森林体系的崩溃以及 1973 年转向普遍实行浮动汇率的运动。这个时期在 1999 年伴随欧元的诞生和朝着三极化货币体系发展而结束。在此期间，主要的记账单位是美元，但美元已不再与黄金挂钩。

那么，是否有一个统一的主题可以将这三个三分之一时期联系起来呢？答案是有的，那就是美国经济的作用。早在 1913 年，第一次世界大战前和美联储建立时，美国经济规模超过其最接近的竞争对手的三倍，比英国、德国和法国三个国家经济规模的总和还要大。

然而，在 1913 年之前，由于缺少中央银行，美国的货币权力被分散了。1913 年美国创建了联邦储备体系，从根本上永远地改变了国际货币体系的运作。美联储在成立之初就成为世界上最重要的中央银行。从那以后，金本位制的运作主要由美联储的政策所决定。第二次世界大战开始后不久，美元取代了英镑，成为世界上最重要的货币。

约翰·梅纳德·凯恩斯（John Maynard Keynes）是第一位注意到美联储的建立和第一次世界大战如何破坏国际金本位制运作的经济学家：

> 但是，战争带来了巨大的变化。黄金本身已成为一种"有管理"的货币……因此，黄金现在具有"人为"的价值，其未来走向几乎完全取决于美联储的政策。黄金的价值已不再是大自然的偶然馈赠和众多独立行事的当局与个人判断的结果……黄金的可兑换性也不会改变黄金本身的价值依赖于央行政策这一事实……事实上，金本位制早已是野蛮人的遗迹。（Keynes，1923：Chapter 4）

美国在第一次世界大战后的价格水平比战前高出了 40% 左右，从而降低了黄金储备的实际价值。只要大多数国家没有恢复金本位制，金本位制就拥有足够的黄金。但是，20 世纪 20 年代后期，世界各国普遍回归金本位制，给黄金储备带来了压力，各国竞相抢夺黄金，导致了 20 世纪 30 年代早期的大通缩。古斯塔夫·卡塞尔（Gustav Cassel）的预测是正确的，他认为，根据第一次世界大战前在储备和流通中使用黄金的惯例恢复金本位制将导致"黄金的严重短缺，以及黄金价值的逐步升高"。

通货紧缩确实降临了。到1932年，美国的价格水平已经回落到第一次世界大战前的水平。美国提高关税和税收，再加上紧缩的货币政策，导致了大规模的失业、破产和萧条。民主国家的士气和经济实力受到破坏，为法西斯侵略和第二次世界大战铺平了道路。

20世纪30年代初，所有的主要国家都陷入了通货紧缩。很显然，黄金相对于大宗商品升值了，大宗商品价格平均下跌35％左右。许多经济学家将通货紧缩的原因归咎于金本位制。但正确的观点是，第一次世界大战迫使各国违反金本位规则，实行赤字财政和通货膨胀政策，导致价格总水平高于战前。20世纪20年代，恢复金本位制只是恢复了战前普遍存在的金本位均衡。瑞典的古斯塔夫·卡塞尔、奥地利的路德维希·冯·米塞斯（Ludwig von Mises）、法国的查尔斯·里斯特（Charles Rist）和英国的约翰·梅纳德·凯恩斯等经济学家都明白，通货紧缩可能是恢复金本位制的后果，并对此进行了预测。20世纪30年代的通货紧缩导致美元价格水平退回到1914年的水平，这一事实证实了他们的观点是正确的。[1]

有两种路径可以避免20世纪30年代的通货紧缩。一条路径是放弃恢复金本位制的想法，并生活在一个世界价格水平或多或少由美联储管理的体系中。事实上，这就是布雷顿森林体系的解决方案：由美国来管理黄金，其他国家来管理美元。但是，没有一个欧洲国家愿意把领导地位拱手让给一个刚刚成立的、未经考验的中央银行，无论美国有多么强大，这个国家甚至还不是国际联盟（League of Nations）的成员。

避免通货紧缩的另一条路径是，通过增加足够的黄金流动性来满足恢复金本位制后增加的黄金需求。1930年，当通货紧缩刚刚开始时，如果把当时黄金的美元价格提高到1934年时的水平，即每盎司35美元，那么美元价格就没有必要下降35％。但是，没有经济学家提出这样的政策建议，美国也不会听从这个建议，因为美国并没有预见到它会面临经济灾难，传统的美国黄金价格，即每盎司20.67美元是神圣不可侵犯的。

1933 年初，美国让美元自由浮动。但一年后，富兰克林·罗斯福总统宣布美元贬值，并将黄金价格提高到每盎司 35 美元。如今，美元是国际货币体系的中心，而黄金只是一位匆匆的过客。凯恩斯的观点是，当货币政策与货币管理的新目标相冲突时，货币政策将不再受黄金可兑换性要求的约束。

在新的制度安排下，美元与黄金价格挂钩，大多数其他主要国家则将它们的货币与美元挂钩。最初，在 20 世纪 30 年代末，黄金被高估，美元与黄金一样好，甚至比黄金更好，这反映在当时非常低的利率水平上。从此开启了所谓的"美元短缺"时期，并一直持续到 20 世纪 50 年代初。世界上大部分货币黄金储备都集中在美国（1948 年美国的黄金储备占世界的 70%）。

只要美国的黄金储备超过美联储负债项下的法定准备金，美国就可以在不考虑国际收支平衡的情况下实施其货币政策。但美国价格水平的变化正在削弱美国看似坚不可摧的黄金地位。在第二次世界大战期间和战后初期，美国的价格水平上涨了超过一倍，导致黄金储备的实际价值减少了一半。1950—1970 年，美国价格水平又上涨了 50%，再次降低了黄金储备的实际价值。显然，美国对黄金可兑换性的限制并没有阻止通货膨胀，黄金正在失去其作为货币锚的作用。因此，现在出现的国际货币体系与凯恩斯预测的 20 世纪 20 年代将出现的体系非常接近。[2]

价格水平不断上升，意味着美国的货币政策与黄金的固定美元价格发生了冲突。如果黄金的美元价格在 1934 年处于均衡状态，在美元价格水平上涨了两倍多之后，黄金的美元价格在 1971 年就不可能处于均衡状态了。[3]美国将不得不结束以 35 美元的价格出售或购买黄金的承诺，这只是一个时间问题。伴随着美国这一承诺的结束，布雷顿森林体系时代也将寿终正寝。

回顾过去，国际货币体系应该被视为给美国和世界其他国家带来了利益和成本。但是，美国和欧洲之间的利益和成本分配正在迅速发生变化。1969 年，在海牙举行的欧洲领导人峰会上，欧洲开始推进货币联盟。一旦欧洲致力于建立欧洲货币联盟，它就需要国际货币体系以及与美元的固定汇率作为其经济一体化的工具。然而，到了 1970 年，美国决定"善意忽视"欧洲货币联盟的努力，不再把固定汇率制度视为美国的主要利益。1971 年 8 月中旬，一些欧洲国家要求将美元大量兑换成黄金，于是就有了将美元与黄金拆分的借口。尼克松总统宣布美元与黄金脱钩，1973 年，所有主要国家开始普遍实行浮动汇率制度。

在 20 世纪的最后三分之一时期里，人们一直在讨论国际货币体系的缺失、美元的作用以及浮动汇率带来的问题，其中最大的问题是货币和财政纪律的崩溃。而黄金和石油价格暴涨，导致美元价格水平以和平时期前所未有的速度上涨。20 世纪 70 年代末，美国连续三年经历了两位数通货膨胀。直到 20 世纪 80 年代初，美国才改变其政策组合，通过减税来刺激经济，并通过紧缩货币来阻止通货膨胀，这样才使其经济重回正轨。

与此同时，在越南战争期间，在美国的领导下，欧洲对美国的国际收支赤字、美元疲软以及美元作为国际货币的使用越来越感到不安。创立欧洲货币可能是一种对策，也是完成建立欧洲共同市场的重要一步。但浮动汇率制度使欧洲实现经济一体化变得更加困难。冷战结束后，德国于 1990 年实现了统一，建立欧洲货币的紧迫性导致欧洲各国在 1991 年签署了《马斯特里赫特条约》（Treaty of Maastricht），其中最重要的组成部分是单一欧洲货币的蓝图，该货币于 1999 年以欧元的形式出现。

欧元的意义

欧元对国际经济的意义在于它能够改变国际货币体系的权力结构。欧元诞生后，立刻成为具有巨大增长潜力的世界第二大重要货币。

那三个有资格加入欧洲货币联盟但又选择放弃加入的欧盟国家的情况如何？尽管各国领导人均表示，加入欧元区只是时间问题，但丹麦、瑞典和英国三国的选民对欧洲货币联盟带来的好处是否大于成本仍表示怀疑，这种怀疑是由杂乱无章的领导引发的。这三个国家有一些共同之处，那就是它们都是欧洲自由贸易联盟（EFTA）而不是欧洲经济共同体（EEC）的成员国，它们都对被要求加强财政协调和政治一体化持谨慎态度，它们都为自己的历史和故事般的议会君主制感到自豪，而且这三个国家都有中间偏左的政府。但这些相似之处掩盖了一个根本性差异，这一差异的线索在于各国政府支出占 GDP 的比例非常不同。在这两个斯堪的纳维亚国家中，政府对经济的参与程度远高于欧洲平均水平，但英国政府的参与程度则远低于欧洲平均水平。斯堪的纳维亚国家担心税收协调会迫使它们减少奢侈的国家福利计划，而英国人担心的情况则恰恰相反。但人口统计学支持英国的情况：人口老龄化、工人相对于养老金领取者的比例急剧下降，将迫使斯堪的纳维亚国家削减福利开支甚至进行一些私有化。与其他国家相比，英国的情况更接近于整个欧洲的平均可持续发展水平。总之，我个人认为，这三个国家都将在未来几年内加入欧元区。

欧元区确实正在向欧盟以外的国家和地区扩张，而且这种扩张速度相当快。首先，中非和西非的 13 个非洲金融共同体法郎区国家通过法国法郎与欧元自动挂钩；其次，还有 10 或 12 个国家已被指定为"加入国"。如果它们满足一些先决条件，就有资格加入欧盟，从而也有资格加入欧元区。虽然我知道欧洲货币联盟尚未就这个问题作出决定，但我个人的观点是，应该允许有资格加入欧盟的国家加入欧元区。

随着这三个国家的最终加入，加上希腊和首届欧盟 11 国，欧元区将有 15 个成员国。如果再加上 13 个非洲国家和最多 12 个加入国，约有 40 个潜在的欧元区国家。我深信，中东、东欧、非洲、南美洲和亚洲至少还有 10 个国家也会选择将本国货币与欧元挂钩。因此，我们可以预计，在未来十年内，欧元区将由 40～50 个国家组成，人口接近 5 亿，GDP 总和将超过美国。

这就是说，到 2010 年，欧元和美元很可能会处于平等地位，各国央行将希望保持这两种货币的外汇储备规模大致相当。通过大量推测而作出一些推断，我们可以假设表 1.1 中所示的特征事实近似于 2010 年的国际储备头寸状况。如果这种情况接近现实，那么未来十年，用于央行储备和国际投资组合的美元需求增长可能会放缓，但对欧元的需求增长将会提高。贸易平衡和汇率必然会反映这种投资组合偏好的转变。除非被资本流动的变化所抵消，否则美国的财政赤字必然会缩小，美元必然会走弱，而欧洲的情况则恰恰相反。在过渡期结束后，欧元可能会走强。

表 1.1　外汇储备　　　　　　　　　（单位：万亿美元）

	1998	2010	变化率
美元	1.2	1.2	—
欧元	—	1.2	1.2
其他货币	0.4	0.8	0.4
合计	1.6	3.2	1.6

当然，其他货币区的发展也不会原地不动。美元区本身可能会继续扩大。如果日本解决了一些宏观经济问题，它（与中国）有可能成为亚洲货币集团的一（两）个中心。可以想象，最初与美元挂钩的拉美货币集团可能会发展起来。或者，南方共同市场的四个国家（巴西、阿根廷、乌拉圭和巴拉圭）可能会尝试组建自己的货币集团，非洲也存在类似的可能性。

欧元迫使我们改变对国际货币体系的看法。我们已进入一个货币组合的世界，目前由美元区、欧元区和日元区主导，而不是每个国家都实行浮动汇率并自行解决通货膨胀问题。在不久的将来，世界将减少对美元的依赖，国际货币体系中的权力将以不同的方式进行分配。这种变化将为国际金融架构的改革带来更新、更有意义的思路，欧元有望成为推进这项改革的催化剂。

金融稳定性"三岛"

今天，我们拥有美元、欧元和日元三大货币区，这三大货币区占世界总产出的 60%。这些货币区之间的汇率构成了世界上最重要的价格。任何形式的国际金融架构改革都必须处理好"G-3"① 货币之间的汇率

① "G-3"指美元、欧元和日元三个货币区组成的群，标题"三岛"是其形象比喻。——译者注

问题。

在金本位制下的国际金融架构包括以下机制：（1）固定汇率；（2）实现价格的高度稳定；（3）实现国际收支平衡；（4）建立一种世界货币。当每个国家将其货币与特定重量的黄金挂钩时，这种商品的自由贸易确保了固定汇率。由于货币供应与黄金挂钩，而且黄金稀缺，因此通货膨胀得到了控制。国家之间的黄金流动改变了货币供应，从而使国际收支保持平衡。而且，黄金在货币中的普遍使用，接近于创造了一种世界货币。

20世纪的最后十年是价格稳定的十年。从这个意义上说，它就像20世纪的第一个十年一样，但二者之间的相似之处仅限于此。在20世纪的第一个十年，高效的国际货币体系（国际金本位制）实现了价格稳定。国际金本位制不仅为世界提供了固定汇率，还提供了一种世界货币的红利。过去十年，浮动汇率为核心地区提供了价格稳定，但汇率剧烈波动，而且没有世界货币存在的任何迹象。从这个意义上说，与20世纪的第一个十年相比，过去十年出现财政赤字有两个原因：一是没有固定汇率，二是缺乏一种世界货币。

如今，距离建立一种世界货币的想法似乎还很遥远。但是，现代经济学家无一例外地反对建立大型货币区或世界货币，与过去所有伟大的经济学家的观点形成了鲜明对比。对过去的经济学家来说，理想的国际货币体系应该为世界提供一种单一货币，这是固定汇率的典范。单一货币将最大化货币作为记账单位、交换便利、价值衡量、延期支付单位（特别当它是一种稳定货币时！）、信息和交易成本的属性。

美元区、欧元区和日元区都实现了高度的价格稳定，为什么在这些价格稳定的货币区之间有必要进行汇率变动？我们看到，在不到两年的时间里，欧元兑美元汇率的跌幅超过25%。这种汇率的不稳定还会继续吗？要回答这个问题，一种方法是看看欧元的前身德国马克（欧洲货币联盟的支柱），回顾过去25年来德国马克兑美元汇率的不稳定性。1975年，1美元约为3.5德国马克。五年后的1980年，美元兑德国马克汇率跌幅过半，1美元仅可兑换1.7德国马克。五年后的1985年，美元兑德国马克汇率升值了一倍，达到1美元兑换3.4德国马克。然

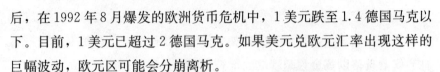

后，在 1992 年 8 月爆发的欧洲货币危机中，1 美元跌至 1.4 德国马克以下。目前，1 美元已超过 2 德国马克。如果美元兑欧元汇率出现这样的巨幅波动，欧元区可能会分崩离析。

让我们再来看看日元兑美元汇率的历史，这同样不会让人们感到欣慰。在 1948 年之后的 25 年里，1 美元可兑换 360 日元。1985 年，在《广场协议》（Plaza Accord）签署之前，1 美元约可兑换 240 日元。10 年后的 1995 年，美元下跌至 79 日元。3 年后的 1998 年 6 月，美元又飙升至 148 日元，并引发了亚洲危机。然后，美元突然下降至 105 日元，后来又上涨到 125 日元。汇率不稳定破坏了金融市场稳定，也扰乱了贸易和邻国经济，并给亚洲其他国家和地区造成了极其困难的经济条件。在 1944 年历史性的布雷顿森林会议上，国际货币基金组织的设计者们都意识到，汇率尤其是主要国家的汇率变化是一个多边问题，必须为了所有国家的利益而管理汇率，但近年来这个理念已经被遗忘了。

顺带提一下，我们应该认识到，美元兑日元汇率的不稳定性是引发亚洲危机的原因之一。我不喜欢把这场危机称为"亚洲危机"，因为它实际上仅仅局限于泰国、马来西亚、印度尼西亚和韩国四个国家。这些国家遭受的危机对亚洲其他经济体造成了连锁反应，但至少新加坡、中国、中国香港、中国台湾和日本这五个经济体没有受到这场危机的冲击。这些经济体具有三个共同特点：货币政策目标明确、外汇储备充足以及债务比率相对较低。在 1995 年 4 月—1998 年 6 月期间，受到冲击的国家并没有以对市场透明的方式处理美元兑日元汇率的升值问题。请注意，那些应对危机比较成功的经济体都有完全不同的货币目标：中国香港实行货币局制度，中国采取固定汇率制度并实行资本管制，新加坡、中国台湾和日本则以稳定的一篮子货币为目标。

我在前面提到过，几乎所有伟大的古典经济学家都坚定地相信固定汇率，凯恩斯也不例外。在 20 世纪 20 年代，凯恩斯写了一本名为《货币改革论》（*A Tract on Monetary Reform*）的书。他在书中巧妙地辩称，当世界其他国家和地区的价格水平（他也想到了黄金）不稳定时，各国必须在稳定本国价格水平和稳定汇率之间做出选择。在这种情况下，各国应该优先稳定国内价格水平。但如果世界其他国家和地区价格水平保持稳定，那么货币当局应该有一个稳定汇率的次要目标。凯恩斯非常坚持这个观点，我认为他的观点是完全正确的，就像他在布雷顿森林会议上支持以黄金为基础的固定汇率制度一样。

有很多人试图把凯恩斯描绘成一个通货膨胀主义者和黄金的反对者，但他两者都不是。他从未说过"黄金是野蛮人的遗迹"。他在《货币改革论》中说过，"金本位制早已是野蛮人的遗迹了"。他的意思是说，20 世纪 20 年代的金本位制与第一次世界大战前的金本位制完全不同，因为当时金本位制的有效性依赖于少数央行的政策。他在这里提出了一个精辟而独到的见解，认为美国经济的庞大规模永远地改变了金本位制的运作方式。[4]

G-3 货币联盟

以固定汇率为基础的国际货币体系在今天是可行的，就像在凯恩斯的时代一样。暂且不讨论黄金问题，我们需要建立一种稳定的美元兑日元和美元兑欧元汇率的体系。我想说明在今天的制度条件下建立这样一种体系的理由。

经济学家都知道，当中央银行希望放松货币条件时，它必须扩大其资产负债表，并可以通过以下两种方式之一或同时采用两种方式实现：中央银行可以购买国内资产（通常是债券）或外国资产（通常是外汇或黄金）；或者，为了收紧货币供应，中央银行必须收缩其资产负债表，并出售国内资产或外国资产。那么，哪种货币政策（是国内资产交易还是外国资产交易）更好呢？

答案取决于一国的具体情况，我们可以考虑"双角解决方案"（two corner solutions）。一种极端是采用货币局制度的货币当局只能通过干预外汇市场来改变其货币供应量。这些经济体通常（但不一定）是严重依赖对外贸易和国际资本交易的小型开放经济体。货币局制度能否成功维持稳定，将取决于其锚定货币的稳定性。

另一种极端是封闭经济，如使用单一货币的世界经济。在封闭经济

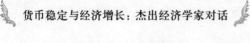
中，由于不存在"外国"资产，所以央行除了买卖国内资产外别无选择。非常大的货币区（如果它们存在的话）会发现遵循双角解决方案的路径是很方便的。

但是，我们的货币区世界并非如此。最大的货币区是美元区、欧元区和日元区，它们最多分别占世界经济的25％、17％和12％。对于这些经济体来说，忽视外国部门就像是一个大型开放经济体忽视其国际收支平衡一样。欧洲央行和美联储都有这样一种奇怪的理念，但这种理念从来没有在经济理论中被证明是一个正确的命题，即认为干预应该局限于国内资产的变化，而不应触及外国资产（但愿不会如此）。如果外国资产永远不被用于货币目的，为什么这些货币区还要拥有世界上三分之一的货币储备和世界上三分之二的黄金储备？

忽略汇率的现代货币官员为了不接受重要的信息而逃避现实，原则上放弃干预外汇市场的中央银行则是在袖手旁观。这是错误的原则。

例如，当一种货币过度波动，比如出现贬值，需要实施紧缩性货币政策时，最好是出售外国资产而不是出售国内债券。出售外国资产在限制流动性供应方面具有同等效果，又可以保护本国货币。[5]

应当指出的是，这一做法体现了有效市场分类原则的应用：政策工具应该与它们最直接影响的目标相匹配（见 Mundell, 1968: 169 - 70）。

许多人的信念是什么？

> 对外汇市场的干预不起作用。市场日均交易额达1.5万亿美元，任何可能的央行干预都只是沧海一粟。过去的干预经验，例如，在1978—1979年冬天，美国从伙伴国借入300亿美元，试图阻止美元贬值，但完全失败了。

然而，更深入和更全面地观察干预的经验发现，结论恰恰相反。国际金本位制的整个历史就是一部成功干预的历史，二十多年来布雷顿森林体系的干预经验使得这一固定汇率制度得以维持。几十年来，货币局长期使用自动干预来固定汇率。最近，为了固定欧元区汇率而进行的干预也是完全成功的，在欧元区内终结了几乎所有的投机性资本流动。只要央行的干预是明智的，就会取得成功。

成功的干预包括四项原则：（1）干预应该有一个明确的目的；（2）干预不应该被冲销；（3）应该在现货市场和远期市场同时进行干预；（4）干预应当协调一致。在 1978—1979 年的例子中，美联储在市场上抛售外汇，但随后又转而购买同等数量的政府债券，以防止干预对美国货币政策产生任何影响。

汇率不稳定是当今世界经济繁荣所面临的主要威胁。汇率的不稳定会带来金融市场的不稳定，导致实际债务、税负、利率和工资率的变化无常。亚洲新兴市场国家在稳定其货币之前，将永远无法完全恢复信心。

但是，我们应该如何让汇率更加稳定呢？欧洲央行和美联储都已经成为通货膨胀目标制和"善意忽视"汇率的拥护者。

在 G-3 国家之间固定汇率的难度被过分夸大了。一个极端的做法是采用最终形式的欧元模式，并朝着单一货币的 G-3 货币联盟方向迈进。当然，我不建议这么做。因为美国不想放弃美元作为世界上最重要的货币。经过三十年的努力，欧洲也不想放弃欧元。如果其他两个货币区都想保留自己的货币，日本肯定不会愿意放弃日元。我提议的不是建立单一货币 G-3 货币联盟，而是建立三种货币 G-3 货币联盟。由三种货币组成的 G-3 货币联盟不会比欧元区国家向单一货币过渡的最后一步之前已经实现的货币联盟（欧洲货币联盟）更加困难。[6]

那么，三种货币 G-3 货币联盟将如何形成？欧洲已经为建立 11 种货币的货币联盟指明了方向。欧洲货币联盟要求在以下几个方面达成共识：（1）目标通货膨胀率；（2）衡量通货膨胀率的常用方法（欧盟统计局的消费价格协调指数，HICP）；（3）铸币税的再分配（根据各国在欧洲央行的股权比例）；（4）锁定汇率中心点；（5）统一的货币政策。欧洲已经在欧元区内实施了上述措施，为什么说在美国、欧洲和日本之间很难做到这一点呢？它们的通货膨胀率和通货膨胀目标已经非常接近，为什么不锁定汇率，制定共同的货币政策，并就铸币税达成协议呢？建立货币联盟在行政和制度上都是很容易的，在政治上也不会比法国和德国之间的货币联盟更困难。

按照比较优势法则划分责任是很方便的。假定欧洲央行和日本央行被指派将欧元和日元与美元挂钩，外汇买卖将决定它们对货币扩张和货币收缩的贡献。届时，如果由三大货币区政策制定者组成的货币政策委员会对货币政策作出决定，那么三种货币的货币联盟将全面启动。

走向国际货币英特

如果能够实现 G-3 之间的汇率固定和政策联盟，那么将三种货币的货币联盟扩大到国际货币基金组织的其他成员国，将是一个相对简单的附加步骤。G-3 货币联盟可以作为世界货币的平台，建立一种与 G-3 的三种货币具有固定和稳定关系的共同记账单位，并成为国际货币基金组织和世界银行的官方记账单位。最终，一个新的国际金融架构将应运而生。

我们有充分的理由为把 G-3 货币联盟扩大、扩展和推广到其他国家而制定规则。第一，其他国家将受益于三大货币区之间的汇率稳定；第二，所有国家都将从采用和使用全球记账单位中受益；第三，G-3 以外的大国可能会对 G-3 的主导地位感到不满，因为它们在其中没有发言权；第四，世界货币具有"社会契约"的性质，每个国家无论大小都应该拥有法律上的利益。

国际货币基金组织理事会是一个具有广泛基础的国际金融管理机构。除了少数成员外，几乎所有成员都拥有投票权。采用一种经国际货币基金组织理事会批准的名称类似"英特（Intor）"的国际货币，该货币可按固定汇率自由兑换美元、欧元和日元，这标志着我们在建立国际金融架构方面迈出了一大步。

英特应该是什么价值单位？我会暂时选择 G-3 的三种货币组成一个货币篮子。比如，美元占 40%，欧元（包括英国、瑞典和丹麦）占 40%，日元占 20%。[7] 伴随它们 GDP 的相应变化，货币篮子的权重也可以进行调整。[8]

我们没有理由不印刷和不允许流通数量有限的英特。英特可以被各国接受，但每个国家都可以保留自己的货币，也可以自由兑换成英特。[9]英特体系最初锚定的货币将是 G-3 的三种货币，并被指定为国际货币基金理事会的代理货币，但需要定期审查。国际货币基金组织可以设立一个独立部门来监督 G-3 货币政策委员会的行为。当然，从长远来看，G-3 本身的构成也可能会发生变化。

建立新国际货币的基本计划可以分三个阶段实施：

第一阶段：G-3 向稳定汇率方向过渡；

第二阶段：建立 G-3 货币联盟；

第三阶段：创立新的国际货币。

第一阶段将以成立 G-3 货币联盟的准备阶段开始，一个循序渐进的过程可以从围绕汇率中间价确定较宽的波动区间开始。当然，汇率中间价和波动区间的确定将取决于引入日期。为了解决这个问题，我们假定 1 美元等于 1 欧元作为汇率中间价，围绕汇率中间价的上下限设定较宽的波动区间。例如，欧元的下限为 0.85 美元，上限为 1.15 美元。围绕日元汇率中间价也可以设定类似的上下限波动区间。如果假定 1 美元等于 125 日元，那么美元的上限和下限将分别为 110 日元和 140 日元。汇率中间价及波动区间较大，允许这些货币汇率的较大波动，直到中央银行调整工作程序，并就汇率中间价达成共识，随后汇率的波动区间将会缩小。

第二阶段将涉及以下步骤：确定通货膨胀的目标和定义；建立一个统一货币政策委员会；铸币税的分配安排；以及锁定汇率的机制。

第三阶段将在第二阶段完成后开始，涉及选择国际货币单位的名称和价值，引入国际货币单位的机制和机构，控制这种国际货币数量的制度和标准，寻求其在货币或黄金储备方面的支持及国际货币单位中央机构的所在地。一旦要商定和批准一项具体计划，就可以举行一次类似于 1944 年在布雷顿森林召开的制宪会议。

结　论

今天，实现这样一种国际货币的目标似乎仍然遥不可及。然而，克服惯性的速度令人惊讶！在第二次世界大战之前，人们很难想象会制定布雷顿森林协议，但那场战争的冲击使布雷顿森林协议成为现实。在20世纪60年代早期，人们很难想象世界货币的雏形——特别提款权的诞生，但在1967年国际货币基金组织于里约热内卢举办的会议上各国达成共识并建立了特别提款权。欧洲货币体系的形成本来也很难预测，但在美元疲软的压力下，它在20世纪70年代末形成了。下一次重大危机可能是重新召开布雷顿森林会议和为建立新的国际货币体系创造条件的时机。

建立世界货币的想法其实由来已久。公元前46年，恺撒大帝根据12∶1的双金属比率建立了罗马货币标准，垄断并高估了黄金。这种安排在君士坦丁堡的继任者中延续了超过12个世纪。罗马的奥里斯币、索利多金币、诺米斯玛币或贝赞特币在这个伟大帝国的疆域内发挥了通用记账单位的作用。

意大利商人和银行家加斯帕罗·斯卡鲁菲（Gasparo Scaruffi，1519—1584）在1582年出版了一本令人印象深刻的货币学著作，其中提出了一个可行的建议，那就是建立一个通用的铸币厂，在整个欧洲采用统一的货币，每个国家都采用相同的形状、重量和名称，"仿佛世界是一个城市和一个君主制"。当时和现在一样，由于货币价值的变化、硬币的种类繁多、劣质硬币和其他弊端，国际货币体系处于非常混乱的状态。他的作品被称为"Alitinonfo"，这个名词源自希腊语，其意为"真正的光明"，取自他想在货币问题上传播真正光明的愿望。确实，他传播了真正的光明，但几个世纪后的货币体系仍然处于一种非常混乱的状态。据说，在19世纪，意大利人拥有最好的货币学家，却拥有最劣质的硬币！

19世纪后期，1867年，由热罗姆·拿破仑（Jérôme Napoléon）亲王主持的巴黎会议上，与会者广泛讨论了一项计划，即建立一种与金币挂钩的五倍于法国法郎的世界货币。随后，他们还召开了几次国际会议来研究这个想法。但是，该项计划从未获得英国的同意，因为英国当时已经是世界主要金融大国。纵观货币史，一个共同的主题是，顶级金融大国拒绝国际货币改革与它们自身的利益休戚相关，因为国际货币改革将削弱它们的垄断地位。

不到一个世纪后，在布雷顿森林会议召开时，一种世界货币出现在第二次世界大战后世界货币秩序的两个主要计划之中。英国计划（实际上是凯恩斯计划）设想了一种名为"班克"（bancor）的世界货币。请注意，英国人的观点已经发生变化。当英镑是世界头号货币时，英国拒绝接受国际货币。现在，美元已成为世界头号货币，英国则接受了这个想法！

人们本以为美国在布雷顿森林会议上对建立世界货币的想法会反应冷淡。但令人惊奇的是，美国的官方计划（实际上是怀特计划）规定了一种名为"尤尼塔斯"（unitas）的世界货币。但在有关布雷顿森林协议的谈判中，美国人对这一构想却反应冷淡。也许，一个原因是美国后来才意识到，或者相信美国国会会意识到，世界货币将以牺牲美元的使用为代价。[10]随后，美国利用其在会议上的主导地位断送了世界货币的想法，并将布雷顿森林体系建立在黄金和美元之上。另一个原因可能是，在全球范围内管理法定货币所需的组织技术尚未开发出来。

今天，美国作为唯一的超级大国是否排除了达成创建国际货币协议的可能性？我认为，我们有理由保持乐观。首先，由于近年来频繁发生货币危机，人们越来越认识到国际货币安排正处在危机状态；其次，欧元的出现改变了国际货币结构的权力配置，削弱了美元的垄断地位。即使未来没有国际货币体系的改革，美元也将不得不与欧元争夺铸币税和控制权。在这种情况下，美国可能会认识到，重建国际货币体系的方向不仅关乎自身利益，也关乎世界其他国家的利益。

一种世界货币将为大国和小国提供公平的竞争环境。正如保罗·沃尔克（Paul Volcker）恰当地指出的那样，"全球经济需要一种全球货币"。为什么不去创造一种世界货币呢？

问　答

听众提问：我是来自墨西哥城南部阿纳瓦克大学的一名本科生，这是我要提的问题：您谈到了欧元可能面临的弱点和可能存在的缺陷，那

么您认为未来美元可能面临哪些障碍？

罗伯特·A. 蒙代尔：谢谢你的提问。这是一个非常好的问题。美元在未来可能会遇到一些问题。让我们假设 10 年后，欧元区包括欧盟 15 国和其他 5 个国家。那时，欧元区与美元区一样大，甚至更大。到 2010 年，人们希望他们的资产（金融资产和中央银行资产）在美元和欧元之间保持大致相等的比例。目前，他们拥有的欧元资产很少，拥有的美元资产很多，大约有 1.6 万亿美元以外汇储备的形式存在。让我们做一个非常保守的估计，假设 2010 年时有 3.2 万亿美元的外汇储备。如果那时人们想把他们的资产在美元和欧元之间进行分配，那么美元资产几乎没有增长的空间，几乎所有的增长都发生在欧元资产上。一旦这个过程开始，贸易平衡或资本流动将发生变化，必须进行调整。美元面临的威胁是，如果这一过程开始，尽管它还会稳定增长，比如说每年增长 1 000 亿美元，但多元化投资将进入欧元，美元可能会出现与 1978—1979 年完全相同的大规模货币挤兑。当银行家们在世界各地鼓噪"多元化投资"的新术语时，他们开始买入欧洲货币，欧元也会变得更加重要，因为现在的欧元已不是 10 种或 15 种的欧洲货币，而是一种庞大的欧洲货币。如果发生这种情况，美元将大幅贬值，以美元计算的黄金价格将大幅上涨，可能会出现一场必须以某种方式加以管理的危机。这种情况有可能发生吗？我认为，在商业周期起作用之前，这种情况不可能发生。我的意思是说，当经济增长放缓时，通常会下降的美国利率很可能因为预期美国通货膨胀加剧而实际上升，同时也会出现一种资金从美元转向欧元的趋势。所以，我预见到一种转变即将到来，但我不知道它什么时候会到来，可能在未来的两三年内。在这个过程中我们需要非常细致地考虑美元兑欧元汇率，以及如何管理这个汇率。

听众提问：您提到过，建立货币局制度需要一段时间的准备，以满足财政平衡、控制货币供应、降低通货膨胀率和稳定汇率等要求。有些人认为，除了这些因素之外，还需要资本的自由流动（如北美自由贸易协定）及劳动力的自由流动，您怎么看待这种观点？

罗伯特·A. 蒙代尔：一个国家并不特别需要资本的自由流动，货币局可以在没有任何资本流动的情况下运作，并保持价格稳定。货币局最重要的特点是它不会受到投机行为的影响。事实上，在实行货币局制度的情况下，纽约和加利福尼亚的收益率是相同的，因此不会出现资本流动。当前国际货币体系存在的问题是，资本经常流向错误的方向。像墨西哥这样的经济体系会出现大量的资本流入，在 20 世纪 90 年代初的三四年内可能流入了 800 亿美元。然后，当资本对墨西哥经济前景产生怀疑后，预期就会发生变化，资本会大量外流，从而引发危机。但是，如果实行货币局制度，这种情况不会出现，因为汇率永远是固定的。

听众提问：蒙代尔教授，如果我们在全世界或世界大部分地区使用单一货币，会产生什么问题吗？

罗伯特·A. 蒙代尔：如果是美元，我们当然可以在整个西半球使用同样的货币。各国总是可以通过计算汇率、成本以及稳定的收益来考虑是否值得实现美元化。拥有共同货币具有巨大的优势，即便是货币局制度也不具备共同货币的优势，共同货币的优势之一是定价的透明度。你可以马上知道墨西哥的鞋子价格、阿拉斯加的鞋子价格以及所有使用该货币的地区的鞋子价格。同样，因为人们可以进行比较，所以每个地区的工资率都是已知的，这是一种巨大的优势。但是应该指出，在人均收入和工资率相差悬殊的两个地区，这并不总是一种优势。在这种情况下，共同货币可能会引起嫉妒和挫折感，导致人们想要移民到高工资地区。

还有一个问题是腐败。我认为，每个国家都必须努力打击腐败。我在阿根廷的时候，那里发生过一起历史性案件。五年来第一次有人因为逃税而被关进监狱，因为他逃税数额巨大，达数百万美元。有人问我是否赞成执行税法，如果人们不纳税就把他们关进监狱。考虑到阿根廷的高税率，我必须承认我不能确定。如果阿根廷把增值税降低到 12％或 10％，再强制执行税法，效果会更好。这是有可能做到的事情。只有当法律合理时，人们才会服从法律。当选政府官员的腐败行为是一件可怕的事情。每个国家都存在一些腐败因素，但在大多数国家，腐败是一种例外而不是规则。只有在少数国家，腐败是一种规则而不是例外。减少腐败需要改变文化。一种共同、稳定的货币能够提高透明度，减少腐败的机会。

听众提问： 我想提两个问题。第一个问题与您对 1994 年末 1995 年初发生在墨西哥的比索贬值的评论有关。墨西哥中央银行无力捍卫货币，因此也没有采取太多的措施来阻止货币贬值。这似乎是人们对墨西哥央行的一种认识。如果我们看看现在的购买力平价即 9.50 比索兑 1 美元以及过去几个月墨西哥比索的稳定性，您是否认为 9.50 是墨西哥比索与美元之间的一个均衡汇率？我想听听您对这个问题的看法。我的第二个问题是，如果欧盟成员国增加到 20 个，您对未来十年欧盟将发生什么有何看法？我也想听听您对这件事的看法：现在加入欧盟的国家已经经历了许多个阶段，比如说 25 年前的欧洲货币体系、《广场协议》、《卢浮宫协议》等阶段。那您为什么认为，在其他国家没有经历货币限制和财政控制的情况下，欧元区在未来短短十年内可以发展到这样的程度？

罗伯特·A. 蒙代尔： 让我先来回答第二个问题。欧洲国家在 20 世纪 60 年代经历了几个阶段，并向货币联盟迈进。虽然它们之间有过很多的合作，但并没有取得什么成果。之后，欧洲国家在 1969 年 12 月举行了海牙峰会，制订了固定汇率安排的计划，但后来整个国际货币体系发生了变化。早期阶段欧洲国家很容易执行，因为欧洲国家的货币与美元早已固定。但在实行浮动汇率制度后，在欧洲实行固定汇率的难度增加了好几倍，所以整个计划都失败了。欧洲货币联盟的推动力伴随美元周期的变化而变化。20 世纪 60 年代末，美元疲软，导致巨额国际收支赤字，这促成了海牙首脑峰会的召开。在某种程度上，欧洲人希望有一种不受美元影响的货币体系。在实行浮动汇率后，对美元的依赖减弱了，欧洲国家不再谈论美元过剩问题，因为如果它们不想要美元，它们可以卖掉美元，但这些国家还是选择继续持有美元。然后，在 20 世纪

70 年代末，美国通货膨胀率大幅上升，导致德国总理赫尔穆特·施密特（Helmut Schmidt）和法国总统瓦莱里·吉斯卡尔·德斯坦（Valéry Giscard d'Estaing）在不来梅举行德法峰会，讨论欧洲货币体系问题，这是一个很大的帮助。在里根经济学的推动下，美元继续飙升，美元从 1980 年的 1.7 德国马克升值到 1984 年底的 3.4 德国马克。那时，没有人愿意考虑欧洲的货币一体化问题。但在经济周期发生转变之后，美元再度走弱，之后《德洛尔报告》出台，德国实现统一。

　　欧洲是一个稳定的地区，其 GDP 超过 7 万亿美元，甚至可能更多。现在，波罗的海国家、捷克共和国、斯洛伐克和其他国家很容易通过货币局制度将其汇率与欧元挂钩。这对它们来说很容易，因为当它们实际上成为欧元区的一部分时，当它们没有机会脱离欧元区时，欧元区货币局会让它们体会到什么是货币纪律。如果你运营过货币局，那么你也可以管理货币联盟。现在，这些国家对欧盟的潜在影响微乎其微，因为它们相对于欧元区来说 GDP 很小，所以它们加入欧洲货币联盟不会影响其稳定。

　　另一个问题是关于墨西哥的。在接下来的 50 年里，人们还会谈论墨西哥在 1994 年 11 月应该做些什么，我敢肯定，每个人对此都会有不同的看法。我认为，最糟糕的事情不是让比索的汇率从 3.5 跌到 4，突破了它的下限，而是当墨西哥财政部长到纽约发表演讲时，他只字不提有关墨西哥货币政策和财政政策的基本面信息。这是一场灾难，并导致了墨西哥金融危机。事后我所做的是建议墨西哥在 1992—1993 年实行货币局制度。正如麻省理工学院经济学教授鲁迪格·多恩布什（Rudiger Dornbusch）所说的，由于比索的汇率被高估了，所以墨西哥可以贬值到 4 比索兑换 1 美元，或者，如果保守一点，可以贬值到 4.2 比索兑换 1 美元。我认为，没有人会提出更多的建议，但汇率走高的代价是，在新的均衡状态下会得到一个更高的通货膨胀率。等到比索贬值到 4.2 比索兑换 1 美元时，墨西哥宣布将实行货币局制度。从此以后，每个人都会确切地知道比索的汇率是多少。更重要的是，从那以后，他们也会知道墨西哥的货币政策将是什么。货币局制度本来可以阻止比索汇率贬值到 9.5 比索兑 1 美元。

你认为基于购买力平价的汇率似乎是正确的，但你看看过去几年里在墨西哥发生的过度通货膨胀，想想过度通货膨胀对墨西哥资本市场造成的破坏性影响以及由此带来的不确定性。人们不知道通货膨胀率是3%、4%还是5%，或者是像以前的35%，货币政策已经失去了方向。今晚，我以莱昂内尔·罗宾斯的名义演讲，罗宾斯总是说，没有汇率制度，经济就像一艘没有船舵的帆船。国际收支平衡为货币政策提供了船舵，固定汇率为货币政策提供了货币区的价格水平。

听众提问：在墨西哥，我们需要为我们的钱购买保险。如果五年内一直使用白银比索，之后再决定是否实行货币局制度，这难道不是更好吗？

罗伯特·A. 蒙代尔：这让我想起了1944年在国际货币基金组织布雷顿森林会议上发生的情况。各国大都决定以黄金作为本国货币的基础。但是，后来古巴代表团提议将糖作为稳定商品之一。一个国家可以采用金属标准，如果它相信能从中获得良好的价格体验。如果你认为白银的价格足够稳定，可以成为比欧元或美元更好的指导，那么白银将是一种很好的标准。但是，由于白银价格的不稳定，我对它没有把握。1980年，白银价格上涨到50美元，之后回落。在当时实行银本位制是很糟糕的，因为只要白银价格上涨，货币就会升值。如果白银价格出现波动，没有一个国家会把本国货币与白银挂钩。

我认为，我们正在走向的国际货币体系是三大货币区。其中一个货币区肯定是美元，另一个货币区是欧元，还有一个货币区可能是黄金。黄金是唯一可以被当作金属货币使用的商品。黄金可以在两个主要货币区内作为对冲通货膨胀政策的工具，所以我认为情况就是这样。现在，你可能会争辩说，白银也可以充当这类工具。不过，我不会把白银推荐给墨西哥。一个国家生产某种商品，并不意味着该商品就会成为一种很好的标准。南非生产大量黄金，比其他国家和地区生产的黄金都要多，但这并不意味着稳定黄金对南非是一个很好的政策。你想做对经济最有利的事情。这是可以想象的，你可能会拥有美元、欧元、日元、黄金和白银，谁知道会发生什么？但是，白银和黄金有很大的不同，因为存在大量黄金储备。人们从地下挖出来的黄金有 12 万吨，其中三分之一用于珠宝，三分之一用于投机，还有三分之一用于中央银行的黄金储备。所以，流通在外的黄金数量巨大，使黄金具有稳定性的因素是每年的供应增量和需求变化占流通在外的黄金总量的比例非常小。但没有大量流通在外的白银，白银无法与黄金相提并论。

注　释

[1] 使用贾斯特拉姆（Jastram）的美国批发价格指数，1930 年＝100，选定年份的价格指数如下。1912 年：80.0；1913 年：80.7；1914 年：78.7；1920 年：179.7；1921 年：113.0；1927 年：110.5；1929 年：110.1；1930 年：100.0；1931 年：84.3；1932 年：75.3；1933 年：76.2。

[2] 当时，人们还没有充分认识到布雷顿森林体系变化的全部意义。在历史上的金本位制下，存在一种反馈机制，即使金本位制在很长一段时间内作用非常迟缓，最终也会使黄金价格成为均衡价格。当黄金短缺时，货币将受到限制，价格和工资趋于下降，从而降低生产成本，提高黄金开采的利润，最终导致黄金产量的增加；同样，当黄金过剩时，价格和工资将上升，黄金产量将减少。通货膨胀时期往往会抵消通货紧缩时期的影响。从长期来看，黄金价格将保持稳定。因此，您可以发现，尽管相隔几个世纪，几百年来黄金价格仍保持相同水平。例如，在美国，1804 年、1819 年、1863 年、1916 年、1930 年和 1941 年的黄金价格水平大致相同，1824 年、1835 年、1853 年、1880 年、1909 年、1914 年和 1933 年的黄金价格水平也大致相同。在英国，1646 年、1660 年、1673 年、1691 年、1702 年、1736 年、1852 年、1884 年、1910 年和 1933 年的黄金价格大致相同，1652 年、1694 年、1709 年、1724 年、1742 年、1758 年、1784 年、1835 年、1845 年、1880 年和 1936 年的黄金价格也大致相同。在这些较长的时期内，黄金之所以具有长期的稳定性，是因为有一个调整机制来保持其稳定。

这段稳定时期在 20 世纪 30 年代突然结束了，接着进入了 20 世纪的第二个三分之一时期。1934 年后，"国际"金本位已经不复存在，只有美国承诺以固定价格兑换黄金，而且只是为了外国中央银行的"货币目的"。黄金不再流通；美国人被禁止持有装饰和工业用途之外的黄金；合同中的黄金条款被最高法院判定无效。黄金可兑换要求仅对美国货币政策产生了非常宽松的约束。长期通货膨胀被通货紧缩所取代的日子早已一去不复返了。自 20 世纪 30 年代以来，物价上涨势不可挡。

[3] 1971 年的批发价格是 1933 年的 3.35 倍（见 Jastram，1981：Table 21）。

[4] 凯恩斯本人对那些总是试图将他认定为黄金反对者的报纸持批评态度。他在 1933 年写给《经济学人》（*Economist*）的信中清楚地表明，他并不反对后来在布雷顿森林会议上提出的以黄金为基础的国际货币体系：

> 我不知道您所说的"我思想的演变"是否特别重要。但是为了准确起见，我在感谢您在 3 月 18 日发表的主要文章的同时，也想提醒您，我最近倡导把黄金作为一种国际标准并不是什么新鲜事。

> 在战后发展的各个阶段，我不时提出的一些具体建议都是以使用黄金作为国际标准为基础。我在此基础上补充的条件一直都是一样的，尽管具体细节有所不同；即 (1) 国家标准与黄金之间的平价不应该是刚性的；(2) 黄金点差应该比过去更大；(3) 如果可能的话，应当形成一些国际管制，以便将黄金的商品价值控制在一定范围内。

> 您会发现，这是我在 1923 年发表《货币改革论》（见第 5 章）和 1930 年我发表《货币论》（*Treatise on Money*，见第 36 章和第 38 章）时的观点。就像今天一样，正如我在《泰晤士报》（*The Times*）上发表的文章和我的小册子《通向繁荣之道》（*The Means to Prosperity*）中所阐述的那样。我很抱歉占用了您的时间。但是，既然有些人认为一个人不改变自己的想法是值得称道的，那么我希望从这次没有改变自己的想法中得到赞誉！

[5] 可以肯定的是，干预只占市场交易的一小部分，但它作为发布政策意图的信号具有更广泛的影响。

[6] 事实上，如果三大货币区中的任意两个货币区同意组建或发起货币联盟，或许就足够了。美元、欧元和日元货币区的货币总量与其 GDP 的比重大致相当，分别约为 10 万亿美元、7 万亿美元和 5 万亿美元，总计可能占世界 GDP 的 60%。任何两个地区（欧洲和日本、欧洲和美国或美国和日本）的货币联盟都将使其成为占主导地位的货币区，从而吸引第三方加入。

[7] 新的英特应该与黄金挂钩吗？这需要克服很多反对意见。但英特与黄金挂钩有以下好处。第一，黄金仍然是仅次于美元的第二重要国际储备；第二，任何国家都无法垄断黄金；第三，一种被高估和流通的英特金币将可以形象地表达通用记账单位的概念，推广国际货币的理念；第四，以黄金支持英特，将使英特具有可靠的价值并建立对它的信心；第五，黄金作为可消耗资源的使用将永远提醒我们，全球资源是有限的；第六，英特将成为连接 1971 年以前 2 000 多年来世界经济的货币体系与未来货币体系之间的一座桥梁。

　　然而，将黄金纳入国际货币体系还存在一些困难，这些困难在黄金作为货币自由流通时并不存在。只要黄金的流动性（可交换性）低于货币，黄金与英特之间的任何永久固定关系都将成为格雷欣定律（Gresham's Law）的牺牲品，并导致大规模抛售黄金库存。

　　[8] 由于历史原因，我们有理由使用特别提款权作为英特的单位。截至 1999 年 1 月 1 日，G-3 在特别提款权中所占的权重（如果算上英国在欧元中的份额）相差不大：美元占比为 39％、欧元占比为 43％和日元占比为 18％。然而，2 年后的 2001 年 1 月 1 日，由于美元升值，美元、欧元和日元所占特别提款权的权重分别变为 45％、40％和 15％。从长远来看，这种计算方式过分夸大了美元的权重。

　　[9] 英特与各国货币的可兑换性要求每个国家的部分货币需求由英特来满足。因此，各国中央银行将不得不保持本国的货币供应低于货币需求。

　　[10] 参见蒙代尔（1995）对这个问题的讨论。

参考文献

Jastram, Roy (1981), *Silver: The Restless Metal*, New York: John Wiley & Sons.

Keynes, J. M. (1923), *A Tract on Monetary Reform*, London: Macmillan.

Mundell, R. A. (1968), *International Economics*, New York: Macmillan.

Mundell, R. A. (1995), "The international monetary system: the missing factor," *Journal of Policy Modeling* 17 (5): 479 - 92.

Robbins, Lionel (1930), "On the elasticity of demand for income in terms of effort," *Economic Journal*, reprinted in *Readings in the Theory of Income Distribution*, Philadelphia: Blakiston Company, 1946: 237 - 45.

Robbins, Lionel (1932), *An Essay on the Nature and Significance of Economic Science*, London: Macmillan.

Samuelson, P. A. ([1947], 1983), *Foundations of Economic Analysis*, Cambridge, MA: Harvard University Press.

第2章 世界经济状况

主持人：保罗·萨缪尔森（经由卫星传送）

我将首先讨论通货膨胀、货币稳定和世界经济增长问题。

我很长寿，这意味着我见证了许多新的时代、新的最终范式以及历史的终结。我不认为目前我们在混合经济行为和预期的未来行为方面有了新的革命性改善。我们解决了许多问题，但在经济学中，"有因必有果"。有可能当你治愈了索马里的最后一例天花病后，天花病就会被载入史册。但控制通货膨胀根本不是这样的，它更像是在富裕社会中控制成年人的体重。永远保持警惕，这不仅是自由的代价，也是保持好身材的代价。由于计算机的出现，经济中发生了许多引人注目的事情，对经济史也产生了深远的微观影响。当微观影响变得足够大并聚集在一起时，就会产生宏观影响。然而，即使我们竭尽所能进行修正，由于我们掌握的工具不足以衡量服务业为主的经济体的生产率，所以美国有关GDP的统计数据并没有发生重大变化。世界上大多数国家和地区的情况也是如此。

同样地，我喜欢阅读《大西洋月刊》（*Atlantic Monthly*），但当我看到上一期杂志时，我都不敢相信，道琼斯指数相对于它的基本价值被低估了33％。毫无疑问，股票溢价会随着时间的推移而下降，但股票

26

溢价像托宾 q 值一样，随着时间的推移既会上升也会下降。因此，我们一直很幸运，而且不仅仅是幸运的，因为在各种不可预测的情况下，我们有一位技巧娴熟、不教条但有影响力的美联储主席，他给我们带来好运。由于各种政治原因，美国经济也很幸运。然而，从几个不同的衡量标准来看，自 1980 年以来，私营部门的储蓄率一直在大幅下降，企业的储蓄率也呈现类似的趋势。由于偶然的机会和我所说的好运，这些问题都被公共部门的盈余抵消了。

在我的教科书中，每一版都会非常仔细地关注美国经济。在我看来，与第一版教科书编写时的情况不同，目前美国经济的表现更接近一种梦想经济。我认为，《财富》美国 500 强企业的寡头垄断势力已经消退，并对公司治理和工会运动的地位产生了深远的影响。因此，在美国，现在我必须把功劳归功于美国人民而不是美国当局的政策，美国人民表现出惊人的灵活性，他们愿意接受各种新类型的工作。我把美国最近的经济繁荣在很大程度上归因于这种态度和行为的巨大变化。但在我看来，美国的经济繁荣是很脆弱的，美国经济在 20 世纪 80 年代和 90 年代发展得很好，但在经济过热的情况下经济繁荣也可能会逐渐消失。这就是为什么我给美国当局的建议总是令它们不满意。顺便说一下，这个建议值得我为之悉数付出。但我一直在说，人们在货币政策上应该采取紧缩的立场。这并不是因为我已经摒弃了做好事那种愚蠢行为，我仍然保留着它们，而是因为我试图最大化的是经济的持续平均表现，不仅仅是今天和明天，而是未来五年。好吧，在大多数情况下，我的这种谨慎都是不合时宜的。我真的不能说这是一个更加糟糕的世界，因为美国当局在这件事上没有听取我的意见。但是，我要强调的是，由于深刻的历史原因，今天在德国、法国以及西班牙都不存在的东西，但在美国存在的东西，都反映了我们经济表现背后潜藏的深刻的社会和政治原因。最严重的危险之一是，我们不应该冒险失去这种暂时的令人愉快的繁荣的美国经济，仅仅为了产生一点点额外的当前产出。这不是一种新的经济发展方式，而是近似一种旧的经济发展方式，但这种旧方式在经济史上不完美地流行过。

问　答

罗伯特·A. 蒙代尔：保罗，我很高兴看到您这么精神矍铄。我想问您一个有关汇率的问题。我们看到，美元兑日元汇率波动剧烈，美元在 1995 年时曾跌至 78 日元，然后一路上涨至 148 日元，现在再次跌到 100 日元以下。但我们也看到，美元兑欧元汇率发生了巨大变化。我的问题是关于美元兑欧元汇率波动以及欧元的未来。当美国经济扩张开始放缓时——您已经注意到，这是有记录以来持续时间最长的一次经济扩张，当它结束时也可能是时间最长的一次经济扩张——美元应该会走软，但投机可能会导致大量多元化投资，使资金从美元流向欧元。另外，美国净债务头寸大幅增加，再加上经常账户赤字，您认为有必要对美元兑欧元汇率进行管理吗？您是否支持对美元兑欧元汇率进行更明确管理的提议？

保罗·萨缪尔森：首先，有两点值得注意。我必须承认，1999 年 1 月 1 日欧元启动后，我对欧元走势的判断完全准确。我的预测是，欧元走势不会发生剧烈变动，但会朝着一个方向有缓慢的波动趋势。但不幸的是，我预测的代数符号是错误的，因为我认为可能会出现许多人所希望的蜜月效应（honeymoon effect）。意大利利率下降到德国的水平，因此我认为心理因素可能会支持这种走势。但是，这种情况并没有发生。然而，在过去的 9 个月里，美元兑欧元汇率出现这种波动，对我来说并不意外。我认为，亨利·沃利奇（Henry Wallich）是美联储有史以来最优秀的官员之一，他问我有关后布雷顿森林体系时期汇率那惊人的不稳定问题，我对他说我不认为这是令人惊讶的。当有人问巴伦·罗斯柴尔德股市将如何变化时，他说股市总会有波动。同样地，我对沃利奇说汇率总会有波动。用布莱克-斯科尔斯公式计算欧元兑美元汇率期权合约的正常标准差是多少？我预计会出现不稳定。汇率行为不存在稳定的自然趋势，新的汇率是某种基于国家之间贸易条件的基本可预测的实际水平。此外，贸易条件的波动比我 30 年前所熟悉的所有经济学家认为的都要大。

您问我是否需要管理汇率，这是一个完全不同的问题。如果采取外汇干预措施，您可以从经验中得知，也可以从计算的数字中获知，一个国家可能在三周内会失去大量外汇储备，这与它们多年来试图与市场力量抗衡所积累的外汇储备相比是相当可观的。这是不可避免的宏观低效率的一部分。因此，我对外汇干预持怀疑态度。假设为了经济复苏，日本人希望日元贬值。让我们再假设财政部长罗伯特·鲁宾（Robert Rubin）的政策仍然有效，但由于美国经济增长强劲，美元依然会走强。我一直认为，这充其量有点像当年克努特国王为即将到来的潮水祈福。我不认为这样的教条可以一成不变。我也不认为，在对日元不利的基本面因素保持不变的情况下，日元汇率会维持稳定。日本和美国政府中两位副内阁成员之间关系友好，即便行政部门能听取他们的意见，但也不太可能对日元趋势产生任何持久的改变。所以，外汇干预是非常困难的。

现在，经济学家们可以设想解决一些世界上最严重问题的办法。他们自然会想到，在某些情况下，我们应该回到资本管制。我是折衷主义者，折衷主义只是我生活的一部分。我曾经对我在哈佛大学的老师很不耐烦，我说："教授，您的问题是您太折衷了。"戈特弗里德·哈伯勒（Gottfried Haberler）以他慢条斯理而幽默的方式说道："保罗，你怎么知道大自然不是折衷的呢？"这彻底改变了我的人生观。从那以后，我的信条一直是，我必须按照事实所要求的那样进行折衷，但要比这更加折衷。我需要提醒自己，开放的思想也可能是空虚的。因此，可能会有一段时间，在一切结束后，采取一些临时性资本管制措施被认为利大于弊。但我可以告诉你们，这种情况非常罕见。资本管制的好消息来得太早，但坏消息和账单都将接踵而来。所以，我现在不想讨论爬行钉住汇率（sliding peg）问题。在一个完美的市场中存在着一些矛盾，假设人们可以依靠夏时制，他们在大家或多或少知道的假定未来基础上前进，这缓解了不均衡，并使其成为一种准均衡状态。我认为，爬行钉住汇率刺激了各种赌注。大型对冲基金的诸多聪明才智都来自政府，这完全是一场零和游戏，但政府在玩扑克游戏时总是准备输掉很多钱。对冲基金可以非常确定，在一定的时间内，它们知道政府的下一步行动方向，因此风险通常很小。我不想武断，但我认为，如果有人对浮动汇率制度和世界上少数几个大型货币集团深表怀疑，并认为爬行钉住汇率制度会增加汇率的稳定性，那么这种信念可能被夸大了。不过，我也可能是错的。

听众提问：不知道您能否详细阐述一下您的观点，那就是金融市场在微观层面上非常有效，但在宏观层面上却非常低效。这作为对我们所观察到的事件的一种直观解释当然很有吸引力。但在理论层面上，很难理解为什么 30 只标的股票的正确估值相加会导致对其平均值的错误估定。

保罗·萨缪尔森：根据经济史，随着积累自我实现预言现象的出现，资产市场出现了泡沫。这已经不是一个问题了，股市已经处在泡沫之中。就预期而言，有很多理论的理由，如果一种运动朝着一个方向开始，或者偏离均衡，不管怎样定义，这个运动都将会继续。我们对泡沫了解甚多，但我们想知道的重要和唯一的事实是有关泡沫还将持续多久的精算概率。我们完全不知道泡沫还会持续多久，因为泡沫总是可以一直持续下去，就像它已经持续的时间一样长。人们以为庞氏骗局的历史很短暂，世界上只有为数不多的新傻瓜。这是大错特错，因为那些获得报酬的老傻瓜会成为新的傻瓜。他们这样做是对的，我会讲一个真实的故事来说明这一点。

20 世纪 70 年代末，我亲爱的同事弗兰科·莫迪利安尼（Franco Modigliani）写过一篇文章。他认为，道琼斯指数被严重低估了，当时道琼斯指数只有 750 点，但莫迪利安尼认为道琼斯指数至少应该在 1 400 点以上。好吧，如果你不善于讲故事，那么你就卖不掉布鲁克林大桥。而弗兰科讲了一个很好的故事，他知道市场价值被严重低估的原因。他认为，只有意大利人才会明白这一点。这是因为市场上的人都不明白，应该对通货膨胀下的市盈率进行适当的修正，他们认为股票和债券在本质上是一样的。因此，当通货膨胀上升时，任何人都可以自信地告诉你，通货膨胀对债券收益率将产生何种影响。如果你把同样的推理应用到股票上，那么 20 世纪 70 年代末 750 点水平上的道琼斯指数就低估了股市，当时我的富达投资隔夜基金获得了 18％的投资收益，而米尔顿·弗里德曼只投资了债券。弗兰科说，人们没有意识到市盈率会随着通货膨胀而隐性上升。当你对市盈率进行修正时，道琼斯指数至少上涨一倍也是合理的。

好吧，保罗·萨缪尔森总是乐于助人的，我对弗兰科说："是的，弗兰科，您是对的，也许您的理由也是正确的。但弗兰科，您知道吗，您可能会因为购买道琼斯指数而血本无归，因为道琼斯指数本来应该在 1 400 点上，但现在它却只有 750 点。当每个人都疯狂的时候，明智的做法也是愚蠢的。"这就是试图纠正被认为效率低下的宏观尝试与微观尝试之间的区别。但弗兰科却不合时宜地对我说："保罗，请您不要在我面前班门弄斧。我知道，我不会因为市场正在犯错而把我祖母的投资组合投资到股票上。"所以，我认为，宏观效率之所以没有表现出来，甚至可能没有一种趋势使它变得更重要，是有深刻原因的。

1997 年中期的泰国情况值得思考。此前，标准普尔、穆迪等所有信用评级机构都给予泰国非常好的评级。前一年，泰国经济实际增长率为 6％。在前五年里，泰国经济增长率平均接近 8％。一切看起来都相当美好。这时，热钱涌入。由于种种原因，我们真的不需要去寻找深层次的原因，因为我们现在处理的是有关雪崩的经济问题。正是阿尔卑斯山上的一次射击，造成了一个村庄被掩埋，或者更确切地说，是已经存在的积雪，使得村庄被掩埋成为可能。但不管出于什么原因，包括中国这个新竞争者在贸易领域与其他新兴市场国家的竞争，变化突然发生，资金流向了另一个方向。韩国通过精确地模仿日本制度的每个优点和缺点而一直发展良好。韩国拥有雄厚的财力、新的技术官僚银行家，但受到不公正官僚的影响，他们大量投资于短期贷款。当然，泰国的枪击也影响了韩国。因此，我不认为宏观市场表现欠佳是一个谜。相反，在我看来，这种实际情况似乎符合经济规律，尽管在微观层面上会有所不同。

这不是一个道德说教的地方，但人们应该考虑长期资本管理公司的投资者，他们都是最优秀和最聪明的人，他们认为自己是在进行数以千计准独立的赌注，并尽可能地进行对冲，最终试图平衡一根像帝国大厦一样高的棒球棍。事实上，这只是一些人在进行本质上相同的大赌注。当然，当长期资本管理公司陷入困境的消息传开时，它甚至不得不寻求救助。搞清楚长期资本管理公司到底遇到了什么麻烦并不困难，所有对它的出价都枯竭了，但很多贪婪的人却从它的困境中赚到了钱。

阿诺德·哈伯格：保罗，我想在座的观众对您永葆青春的秘诀会很感兴趣。您看起来和二三十年前、甚至四十年前一样健康，我认为这太棒了。

我的主要观点如下：很久以前，人们从结构模型的角度来思考宏观经济学。我们有小型、中型和大型的结构模型，它们成为人们观察世界的一个非常重要的组成部分。我认为，无论是在许多专业人士的思考中，还是在美联储和其他机构的政策权威方面，都有一种趋势将政策视为一种伺服机制。我们有油门、刹车和方向盘，我们每天、每周都会查看所有的证据，政策当局会决定是否适时使用其中的一个、两个或者三个这样的工具。您同意这种态度转变的看法吗？这是第一个问题。我的第二个问题是，您认为这种伺服机制类型的行为对未来会产生什么危害？

保罗·萨缪尔森：让我想想。首先，让我们来讨论一下短期预测的目的，现在我要讲的是一个非常枯燥的行业。在我任职的非营利组织和财务委员会中，我们甚至不让工作人员介绍未来 12~18 个月的发展前景，因为我们知道很多情况。实际上，大多数银行已经解雇了它们的短期预测人员，这些银行可以订阅现代版的数据资源公司报告（DRI），并知道简单的预测概率是多少。这些预测还不错，比华尔街的分析师要好，也比吉卜赛占卜师的预测更好。但是，你们从数据资源公司报告中了解到的信息都是无用的。我记得几年前，我在哥本哈根的一次会议上听到一位来自伦敦的花旗银行代表的发言，他讲述了他们预计会发生的事情的内幕。我打开我的《华尔街日报》（*The Wall Street Journal*），翻阅利率期货及其他内容，他告诉我们的一切都已经被反映在市场上。在我所认识的人中，很少有人能够在长期凭借自己的智慧、良好的时机和趋势来投资赚钱。这是令人惊讶的。

　　经验表明，这八个巨型模型都不是"M"（一元论）模型。花旗银行损失惨重。在 20 世纪 70 年代初，一元论货币主义有一段短暂的时间表现得不太糟糕。但现实像一个喝醉酒的水手一样跟跟跄跄地走进了那个模型的枪口，在金融市场和机构的这场技术变革中，任何货币流通速度（衡量我牛仔裤里有多少钱并支配我支出的比率）与名义收入流动水平之间的恒定关系从现在到以后都将是非常不稳定的。这种简单的几乎像尼安德特人那样的模型在一段时间内会表现得相当好，但我们唯一可以确定的是这些预测会一起被推翻，而这些模型可以确定的是为什么它们以前的预测都是错误的。因此，我不认为宏观文献中有任何技术进步，比如技术进步中的理性预期和随机游走（不确定性）可以为金融市场和政策目的提供有用的经验教训。也许，这是令人欣慰的，因为这意味着我们不会受制于以前没有的新制度。我确实认为，那些便捷的专业交易系统，能让我在一个下午完成投资组合，这简直就像把一门强大的新式大炮交到了孩子们手中。在过去，如果农场里有个狂躁不安的孩子，他所能做的事情就是折磨狗或造成一点伤害。今天，他只需要一点点肥料，就能炸毁一座巨大的摩天大楼。当我走到圣彼得面前时，我必须为其中的一些金融进步做出解释。

　　网上交易是否会导致市场更加动荡？我们并不知道。我们真的不知道，黑色星期一（1987 年 10 月 19 日）的第二天，也就是 1987 年的那个星期二上午发生了什么。有一个小时，所有的市场基本上都被关闭了，后来市场又重新开放。有一天，艾伦·格林斯潘（Alan Greenspan）会写他的回忆录，他会透露他对商业银行、信托公司和其他投资银行说了些什么，但 1987 年的股市崩盘是一个非常重要的因素。我曾听到艾伦·格林斯潘在波士顿联邦储备银行的一次私人晚宴上说过，市场崩盘只是为了让股市冷静下来。所以我问，既然那么多人担忧，为什么美联储不提高保证金要求？这将是对超级多头们的致命一击。格林斯潘回答说："保罗，我们不知道这样做是否有好处。"但他补充说，在1987年股市崩盘后，道琼斯工业股票平均价格指数的现值增加了3 000点，因为很多人从中吸取了教训，而那些在黑色星期一之后卖出股票的胆小鬼最后损失惨重。我想我最好说到这里。

克里斯托弗·约翰逊：您好，保罗。我是欧洲货币联盟协会的克里斯托弗·约翰逊。我想问您一个关于美国国际收支平衡的问题。经常账户上的巨额赤字相当令人不安，难道我们不应该从资本账户的角度来考虑这个问题吗？当然，从数学上看，资本账户必须有相应的盈余。美国一直被称为世界上主要的资本输出国之一，像墨西哥这样的国家有很多投资来自美国的跨国公司。但是，流入美国的资本要远远大于流出的资本。这颠覆了我们在经济学中学到的所有传统观点。也许，在您早期版本的教科书中，富裕国家是资本输出国，贫困国家是资本输入国。当然，美国不是穷国，而是世界上最富有的国家和最大的资本进口国。人们可以看到，资本流入推高了美元汇率。每个人都想拥有美国的资产（无论是工厂还是股票），这必然导致美国经常账户赤字。但是，我们应该为此担心吗？这是一个自然的和自我维系的状况，是一种良性循环吗？只要华尔街股市上涨，美国就能进口资本，人们就会乐于持有美元吗？此外，这是否意味着，伴随全球投资者的获利，并寻求欧元、日元或其他货币的投资机会，资本的反向流动将放大华尔街回调的风险？也许，格林斯潘先生意识到了这一点，这也是他为什么不想因为过度提高利率并导致华尔街的调整而受到指责。那么，这究竟是一种良性循环还是一种危险和令人担忧的情况呢？我们是否发现了永动机，至少在美国经济中是如此，从而使美国可以永远保持世界上增长最快的经济体地位，并在经济快速增长的基础上继续进口资本，进一步推动和鼓励资本的增长？

保罗·萨缪尔森：说一些有趣的事情，其中一种方式是说出一些让人兴奋或害怕的事情，但我认为这是一种廉价的人气，我应该回避。但是，我确实一直在说，不是为了吓唬人，没有哪个国家会因为太大而免受货币挤兑的影响。我为日本、韩国和一些拉丁美洲国家的报纸写了很多文章，说了一些我认为应该为它们说的话，但当我谈论美国的情况时，我真的很谨慎。我不认为这是一种非理性的观点，在 20 世纪 50 年代末，越来越多的海外人士在美国积累资产，因为美国是一个安全的避风港，美元是一种被低估的货币。但是，应该有一个点，在这个点上，资本流动可能会开始转向另一个方向。我完全可以想象这样一种情况，但幸运的是这种情况在现实中并非迫在眉睫。在美国，一场严重的修正可能会演变成一种代数式下跌的泡沫。历史上曾一次次发生过这种情况。当外国人想要取出越来越多的钱时，也许是因为他们国家的经济复苏了，或者仅仅是出于投资多元化的考虑，资金从美国大量流出。从现在起到一年半后，如果对苏黎世和法兰克福的金融家来说，欧元是一个更好的交易对象，那么对旧金山和芝加哥的金融家来说，欧元也是一个更好的交易对象。所以，我认为这是一个潜在的问题。

我还要承认我的傲慢，因为我以前的一个学生写了一篇论文，在堪萨斯城美联储会议上受到了与会央行行长们的好评。他在会上说过，而且不止说过一次，美联储应该坚持一个目标，即稳定必要的价格水平，而不是对股票市场感兴趣。如果美联储把这个建议加入美联储章程，这将是一个很好的规则。我认为我的方法并不能恰当地解决 1985 年发生在日本的一些问题，谁在乎投机性的土地市场繁荣？又有谁在乎投机性的股票市场繁荣？因为每个人都在赚钱，这就是我们应该关注的原因。我不认为美联储必须跟踪每一只掉落到地上的麻雀，但它必须跟踪经济，因为美国也不能免受货币挤兑的影响。现在，这与我听到的批评不同，我们不再以 M（货币供应量）作为标准，而是以股票市场作为标准，而且美联储似乎有保持股票市场上涨的新职责。我不认为这是美联储的真正职责，但它们之间是相互关联的。当我阅读那篇论文时，我同意他的观点，我们应该用资产负债表的方法来衡量债务增长对贷款的影响，这篇论文捍卫了这个观点及其每一个理论模拟。但我对这篇论文的看法是，这将使这个观点成为一个值得担忧的问题，至少各国央行在私下里会这么认为。

罗伯特·所罗门：保罗，在您最初的发言中，当您提到"资本管制"一词时，在座的许多人（您看不见他们）都皱起了眉头。我想，也许您会希望了解那些正在考虑所谓国际货币体系"架构"的人正在讨论什么。最常被谈论的手段是在智利使用的对短期资本流动征税的方法，旨在阻止短期资本的波动，而不是为了阻止一般资本流动，特别是长期资本流动。这个方法得到了一位曾担任过财政部副部长的人的支持，我想您一定认识他。您对此有何评论？

保罗·萨缪尔森：首先，我和他很早就认识了。财政部长劳伦斯·萨默斯（Lawrence Summers，他是萨缪尔森的侄子）是麻省理工学院的本科生。他谨慎地避开我教的每一门课程，我也谨慎地避开在任何事情上给他任何建议，所以我们之间有一道所谓的"中国墙"。但我还是转向我对问题的回答吧。我对使用"托宾税"（对短期资本流动征税）来处理一些人认为在共同基金投资管理中存在过度周转的问题持怀疑态度。在齿轮里掺点沙子，会增加摩擦，但我反对针对交易征收托宾税。其中的一个原因是，这虽然并不是一种犯罪，却是一种失误，因为征收托宾税会迫使市场转移到海外。如果在纽约市场征收交易税，如果美国公民仍然可以自由地进入世界上任何一个市场，可以非常肯定的是，替代市场将会开放。就智利而言，对短期流动性征税可能是一项更具强制性的政策措施。罗伯特，您还记得多年来瑞士对短期余额支付非常低的利率，而且出于政治和其他原因，瑞士是一个安全的避风港。所以，实际上存在一些类似的障碍。

我设想的角色以及它可能带来一些有益的影响，就像股市中的熔断机制一样。但我不能确定熔断机制和卖空交易的上涨规则会让股市变得更好还是更糟。但是，假设当大风最猛烈时，采取一些短期性暂停措施可能是有用的，会让市场状况变得更好。作为现代意义上的自由主义者，我有资格这么说，短期性暂停措施面临的麻烦在于，它们越来越多地出现漏洞，人们学会了绕过它们的方法，这些措施也越来越造成资源分配效率低下，因此它们会自食其果。当你进行事后分析时，这并没有破坏守恒定律，你从资本管制中获得的一切，都将失去，但情况可能更糟。

让我们以马来西亚为例。我的老师总是在寻找经济史上的对照实验。你们知道我很擅长批评我的老师，因为在我的生活中，我有很长一段时间都在关注他们。第二次世界大战后，比利时最初是一个比较开放的经济体，你可以在那里买到白面包，但在荷兰购买白面包是受到管制的。比利时在 20 世纪 40 年代末的经济表现比荷兰要好得多。好吧，这些都不是很好的对照实验。但在我的新闻分析中，我试图找出一个强有力的理由，表明那些追随国际货币基金组织的国家（如泰国和韩国）会全力跟随它。与那些抵制国际货币基金组织的国家相比，这是显而易见的，控制越少越好。有时情况的确如此，但有时情况相反。目前，马来西亚领导人认为，他可以证明实行管制对马来西亚会更好。我认为，我们应该保留判断，直到大自然告诉我们更多。

朱迪·谢尔顿：您好，保罗。我想回到您对亚洲局势的一些评论上。您提到了 1997 年的泰铢，我认为同样的分析可能也适用于菲律宾、马来西亚、韩国或印度尼西亚。我想您的意思是说，有许多非常聪明的外国投资者，他们以为自己把钱投入到这些国家的生产性投资机会上了，但他们突然变得聪明起来，认为这些国家既不会有生产性投资机会，也不会产生收入，所以他们撤回了投资。在我看来，这符合裙带资本主义的理念——突然意识到这些都不是很好的投资决策。您认为这些国家的汇率崩溃和货币崩溃在多大程度上导致了它们后来的经济问题？也就是说，这些经济问题的驱动力是什么？货币反映了这些经济预期的突然变化，还是货币导致了经济预期的突然变化？我不想说投机者是元凶，但也许是他们利用了一个有缺陷的体系（一个非常不稳定的全球货币体系），从而导致这些国家的经济崩溃。

保罗·萨缪尔森：首先，我不得不说，投机者和投资者犯下的愚蠢错误与这些国家经营方式中存在的结构性缺陷密不可分。你们还记得 20 世纪 80 年代末成功的日本人耀武扬威吗？他们宣称他们已经远远超越了哈佛商学院，在那里你必须有一个计划或一个投资项目，你还必须有源源不断的收入。在商学院体系下，在十个潜在的项目中有九个会被淘汰，你必须从中挑选出更好的项目。相反，在日本，决策是通过协商一致的方式作出的，这在公司中是一件新奇而又绝妙的事情。

我知道这种以协商一致方式作出的美妙决定是如何运作的。之前在加利福尼亚州克莱蒙特举行的一次会议上，一家大型日本汽车公司的高管出席了招待晚宴。可能是他的公司提供了部分赞助资金。他告诉我，他是这家日本公司的一位优秀主管，因为他是兼具两种文化的人。他说："我是墨西哥人，但我又是美国高管，所以我更愿意和日本人打交道。"我说："那您正是我需要的人，您是一个外部观察者。请告诉我，这种通过一致同意和协商一致作出的决策是如何运作的。"他说："事情是这样发生的：我打电话给房间里的所有人，告诉他们我们正在讨论什么，然后他们会花上三四个小时试图猜测我希望实现的结果。最后，我厌倦了，所以我告诉他们结果如何，这就是协商一致的决策"。现在，我只是开个玩笑来说明问题。日本公司财力雄厚，但并不关心自己公司的股票市值，这听起来是件好事。但是，如果无法像商学院那样对投资项目进行详细、理性的计算，财大气粗意味着你可能会犯大错，而且你可能会在很长一段时间内坚持犯下的这些错误。所以，当人们谈论亚洲裙带资本主义时，唯一的错误是认为它完全是亚洲独有的资本主义。例如，在韩国，拥有独立银行体系的政府官僚机构和政治家（不一定是无私的政治家）正在鼓励在众多不同的业务中没有比较优势的大公司去投资那些没有真正理由可以积极参与的短期项目，导致它们负债累累。

现在，我来回答朱迪的问题。在泰国，有很多边缘项目，它们具有一定的经济意义，而且是有利可图的。当资金进入该国并且资本可获得性很强时，情况看起来一切良好。顺便说一句，进入该国的资金主要来自整个西方世界，尤其是新兴市场的共同基金。但投资者并不特别了解实际情况，他们所了解的是类似项目前八个季度的总回报情况。很多有一定价值的项目和那些从来没有真正价值的项目一起失去了价值，最终只有通过与其他项目合并才能生存下来。这就是泡沫经济的证据，泡沫经济变得无处不在。然后，泡沫在昼夜之间突然破裂了。现在，这是一幅过于简化的画面，因为泡沫经济不仅仅是简单的泡沫破裂和回归均衡的过程，它总是会受到（内部和外部）冲击的影响。

福斯托·阿尔扎蒂：萨缪尔森教授，您好！新古典主义增长理论基本上是由罗伯特·索洛创立的，该理论预测穷国和富国之间的人均收入将长期趋同。现在，我们也从历史证据中知道，当国家享有共同的经济规则时，比如说南北战争后，美国南北方之间的人均收入趋同现象就发生了。贫穷的国家和地区经济增长更快，贫富差距趋于缩小。现在，如果该理论正确，走向统一的货币区并最终形成单一的全球货币，难道不是一个比浮动汇率能够更好地促进经济增长的解决方案吗？如果您同意这个建议，在短期内应采取哪些措施来促进这一解决方案？

保罗·萨缪尔森：首先，我想说的是，我认为一个地区或整个世界是否使用单一货币，或者是否存在共同的、浮动的货币制度来解决发展的基本问题，都不是至关重要的问题。对经济历史学家来说，20 世纪后半叶世界经济的主要特征是，世界上大部分国家都在追赶美国的主要地位。我粗略估算，当 1945 年和平降临欧洲和日本时，美国的 GDP 几乎占世界的 50％，因为欧洲被摧毁了，日本也被摧毁了。在接下来的 25 年里，美国占世界 GDP 的比重从 45％下降到 40％，再下降到 35％，再下降到 25％至 30％之间，甚至可能已下降到 20％。这种趋同现象在第一次世界大战后并没有发生。我们这些经济理论家应该扪心自问，为什么第一次世界大战后奥地利的经济表现会如此糟糕，与其在第二次世界大战后的经济表现形成了对比。这种追赶并非令人费解。我们谈到"奇迹"时，可以通过计量经济学的方法计算出有多少是由投入、人力资本和技术创新所贡献的。但我们可以把"奇迹"想象成是一场自行车比赛，领先者或少数领先者为其他人开路。这符合熊彼特的创新理论。值得注意的是，在后面的自行车骑手中没有一个人从一开始就快速地冲到前面，并且冲出重围。

考虑一下阿根廷的历史。阿根廷实行货币局制度，甚至可以将货币局正式化，并使用美元作为其货币。我不会补充说，在估计阿根廷的经济增长率时，由于实行货币局制度，它每年会有 0.5％的额外增长赶超

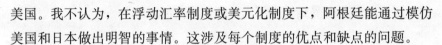

美国。我不认为，在浮动汇率制度或美元化制度下，阿根廷能通过模仿美国和日本做出明智的事情。这涉及每个制度的优点和缺点的问题。

现在我来谈谈欧元。正如美国怀疑论者所认为的那样，欧洲不是一个国家。爱尔兰、丹麦、荷兰甚至西班牙的经济情况与意大利不同，而意大利经济更像法国和德国。但在我看来，意大利作为欧盟成员国，在预算和许多其他方面都受益匪浅，但其代价是位于法兰克福的欧洲中央银行不会为发展中的意大利经济做任何事情，也不会为爱尔兰做同样正确的事情，例如爱尔兰经济可能会过热。这应该不会让任何人感到惊讶。这就是金本位制下发生的情况，也是单一货币体系的一部分。

以美国 12 个联邦储备区使用单一货币为例。当麻省理工学院经济学教授奥利维尔·布兰查德（Olivier Blanchard）研究商业周期时，他没有发现西弗吉尼亚州相对于美国其他地区以降低价格的方式来吸引产业。但他发现这个现象的一个重要组成部分是差异迁移（differential migration）。很少有美国人住在他们出生地附近。我说得可能有些夸张。但在欧洲，在 12 英里范围内可能有两种方言，也许还是不同的语言。在欧洲货币联盟下的短短 9 个月里，我没有看到任何特殊的新的平衡移民行为。随着时间的推移，可能会出现这种现象，其中既有经济规律在起作用，也有特定国家的影响。

罗伯特·A. 蒙代尔：保罗，我们所有人都感谢您参加我们的会议。我代表通常由兰德尔·欣肖（已故克莱蒙特研究生大学经济学教授）担任的角色感谢您。我们为了纪念他而举办这次会议。我们非常感谢您的杰出贡献，并且我们都很高兴看到您以如此出色的状态出席，祝愿您在未来的岁月里更加幸福和更加硕果累累。

第3章　欧元在欧洲和世界中的地位

主持人：克里斯托弗·约翰逊

在以前的博洛尼亚-克莱蒙特会议上，我是欧洲旧大陆上为数不多的代表之一，因此我肩负着重任。虽然我寡不敌众，但我一直在推销一个叫做"欧元"的古怪精灵。我的美国朋友尤其是那些杰出的诺贝尔经济学奖获得者总是对我抱有一定的怀疑态度。许多人预测欧元将会升值，确实有很多人因为押注欧元升值而损失惨重。事实上，欧元走势弱于预期。但欧元尚未跌破1美元，最近欧元在市场上有所回升。这对欧洲来说是一件相当好的事情，因为欧洲的出口与美国相比更具有竞争力。欧元疲软，并没有对价格稳定产生任何不利的影响。欧洲的通货膨胀率仍保持在1%左右，低于美国的水平。

在我继续讨论我想提出的其他观点之前，我很遗憾地告诉大家，英国尚未加入欧元区。但一事成功百事顺，英国人只是在等待欧元的成功。到目前为止，一切都还很顺利，但欧元仅仅诞生了9个月。当欧元存在两三年后，英国人会突然意识到他们在等待跳上公共汽车时犯下了一个错误，他们必须在公共汽车开得太快之前上车，不然他们再也无法跳上车了。这可能要到2002年或2003年才会发生。

把英国排除在外，我将谈谈整个欧洲和欧元区11国，其中包括法国、德国、西班牙和意大利等欧元区的 11 个国家和 15 个欧盟国家中的绝大多数国家。第一个问题是，欧元相对于美元和日元在世界经济中的重要性。这是一个有时会被忽视的问题，但它非常重要。我们不仅要从内部来看欧元，而且需要从外部来看欧元，因为欧元是一种国际货币。我们得出的结论是，从 GDP 或贸易来看，欧元的作用比欧元区 11 国的作用更为重要。目前，欧元区 11 国占世界 GDP 的 14％，而美国占世界 GDP 的 19％。如果英国和其他欧盟国家都加入欧元区 11 国集团，这个集团占世界 GDP 的比重将与美国大致相等。因此，我们可以说，从广义上讲，欧洲在生产方面与美国具有同等的重要性。在世界贸易方面，欧洲比美国更为开放。欧洲已经占到世界贸易的 17％，而美国占世界贸易的 14％。随着英国、瑞典和其他国家的加入，欧洲占世界贸易的比重还将从 17％上升到 22％。在国际银行贷款方面，欧元占世界市场的 20％，美元占世界市场的 36％，美元比欧元几乎高出一倍。在债券发行方面，欧元债券的占比略高一些，约为 24％；而美元债券的占比为 45％。这是国际债券市场。在国内债券市场上，美国的规模要大得多，因为所有的国库券和公司债券都面向美国国内投资者发行。所以，美国债券占 GDP 的 48％，而欧洲债券占 GDP 的 21％。

就外汇市场而言，美元几乎占全球外汇交易总额的半壁江山，欧元约占四分之一。在世界货币储备中，美元甚至更为重要，美元约占世界货币储备的 70％，而欧元约占 11％。之所以会出现这种情况，是因为欧元形成之前的许多市场现在已经合并了。欧洲国家互相持有的德国马克等货币作为储备，已不再是外汇储备而是变成了国内储备。同样的情况也发生在欧元区 11 国内部交叉持有的相当多的银行和债券项目上，它们已经从账面上消失了。

如果我们看看发票与世界贸易问题，这是货币最重要的一个方面，可以发现，长期以来，美元比美国在世界贸易中的占比甚至更为重要。我们有一个指标叫“国际化比率”（internationalization ratio），即在世界贸易中使用的货币与该国在世界贸易中所占比重之间的比率。美元在世界贸易中的占比约为 45％，美元国际化比率约为美国在世界贸易中占比 15％的 3 倍。日元国际化比率略低于 1，换句话说，日元甚至还不如日本在世界贸易中的占比。与欧洲在世界贸易中的占比相比，欧元约占世界贸易总额的 28％，而欧元国际化比率为 1.7。我们可以从中得出一个结论，欧元在一夜之间已经成为一种主要的世界货币。当然，欧元仅次于美元，但已遥遥领先于日元。但在面对美元并在发票或金融市场上能够与美元并驾齐驱之前，欧元在很多方面还需要完善。如果英国和其他国家加入了欧洲货币联盟，欧元在世界贸易中的占比将显著增加。重要的是，欧元的占比正在迅速上升。特别是在债券市场，仅在今年前六个月，欧元的交易增长了 25％，而美元的交易仅增长了 6％左右。这些变化在某种程度上被美元兑欧元汇率的升值掩盖了，这使得美元的占比看起来并没有发生变化。但是，与固定汇率相比，欧元的占比已经显著增加。而且，如果美元兑欧元汇率再次贬值，欧元的占比将明显增加。这是欧元相对于美元汇率的一个简单介绍。

　　第二个问题是欧元兑美元汇率对每个经济体的影响。这种关系似乎相当不稳定，正如很多人如国际经济研究所所长弗雷德·伯格斯滕（Fred Bergsten）所预测的那样，目前外汇市场的所有交易活动都集中在欧元与美元之间，而不是集中在德国马克与美元之间。基于交易目的的德国马克和法国法郎都已经不复存在。欧元兑美元汇率的波动很大，欧元兑美元汇率每变动 10％，会导致国内价格水平变动 1％。当通货膨胀率只有 1％或 2％时，额外 1％的通货膨胀率也会产生很大的影响。所以，我想说，我们确实有必要认真看待这种关系。"善意忽视"可能是中央银行家们采取的唯一态度，但考虑到大西洋两岸经济的短期波动和中期失调，这种忽视可能根本就不是那么善意的。

　　更加困难的问题是，我们能以何种方式来控制这种关系呢？我们是否应该像《卢浮宫协议》所规定的那样通过汇率区间来管理欧元兑美元汇率，还是通过干预外汇市场或修改国内利率政策来管理欧元兑美元汇率？当前的利率政策意味着美国需要更低的利率，而欧洲则需要更高的利率。现在美元与欧元之间的利差约为 2.5％，因此应该允许美元贬值。我认为，我们应该在未来一年内将美元贬值幅度控制在 2.5％之内。这恐怕是一个相当理想化的设想，因为我们都知道货币在一天内就

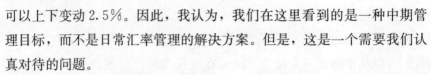

可以上下变动 2.5％。因此，我认为，我们在这里看到的是一种中期管理目标，而不是日常汇率管理的解决方案。但是，这是一个需要我们认真对待的问题。

在本报告的最后一部分，我想指出，欧元可以发挥作为其他货币的锚定货币的作用。对于打算在未来五年内加入欧盟的国家（如捷克共和国、波兰和匈牙利）来说，欧元可以发挥汇率机制早期在西欧发挥的作用。欧元也可以被一些远东国家和地区作为钉住货币，这些国家和地区在美元坚挺的时候已经钉住了美元，而且只钉住美元。

我们可能需要重新考虑钉住汇率的整体构想。美国财政部长劳伦斯·萨默斯认为这不是一个好主意，我们不应该再尝试钉住汇率了。但我认为，韩国、泰国、中国香港不能简单地忽视它们的汇率，因为这些经济体还不知道如何钉住汇率。汇率是一个重要的政策变量，你很难控制它。但如果你能控制汇率，汇率就可能成为一个重要的政策武器。就对外贸易而言，正如我所解释的，欧元和美元一样重要，各国在决定使用哪种货币时需要考虑其对外贸易的组合。是美元、欧元还是日元？或者把三种货币都放在一个篮子里？我从未隐瞒过，我认为欧元是走向某种世界货币联盟的一个阶段。保罗·蒙代尔刚刚提到了我已故岳父莱昂内尔·罗宾斯在第二次世界大战前写的一本书中的一段话，他当然曾经是这些会议上的一位重要人物。他说，理想的情况是有一种世界货币。这只是为了告诉你们世界货币联盟并不是什么新鲜事。在 1867 年曾举行过一次世界货币改革会议，当时世界各国都同意在美元、法国法郎、英镑和德国马克之间建立一个货币联盟。但我们没有能够完全成功，因为美国和英国无法将它们的汇率调整到当时需要的 2.5％。机会来了又去。如果再有这样的机会，我们就应该抓住它。与此同时，我认为，欧元的建立是一个非常好的案例，可以检验在政治上独立的国家之间是否可能建立货币联盟。我相信是可以的。我们不需要通过建立世界政府来拥有一种世界货币。大多数人可能也不想要一个世界政府，但我们可能会认为拥有一种世界货币仍然是一个好主意。

讨　论

斯文·阿恩特：非常感谢您，克里斯托弗。第一个评论来自迈克尔·康诺利。

迈克尔·康诺利：我想请克里斯托弗谈谈欧元区内部的游戏规则，该游戏规则是如何确保欧元区内部货币政策和财政赤字融资、铸币税问题以及铸币税分摊程序之间的政策一致性的？与此同时，如果您可以讨论公开市场操作问题，那么由谁来执行公开市场操作？是否由欧洲央行执行公开市场操作？德国央行是否可以发挥作用？最后，我想请您谈谈欧洲货币体系内的货币独立性和相互依赖性问题。

罗伯特·所罗门：克里斯托弗在最后部分的发言中谈到，如果我理解正确的话，世界货币联盟或许可以替代世界政治联盟。我认为，有必要指出的是，在这种背景下，欧洲内部一体化（包括欧洲共同货币）的主要推动力是政治因素而不是经济因素。这要从第二次世界大战后的法国经济学家让·莫内（Jean Monnet）说起，欧洲国家之间采取了一系列一体化措施，如欧洲共同体、欧洲联盟和欧洲货币体系等，我就不一一赘述了，但每一项一体化措施都是基于法国希望拥抱德国的愿望和德国愿意被接纳的意愿。

迈克尔·康诺利：克里斯托弗和罗伯特，你们认为，从导致欧元诞生的漫长的欧洲统一进程中，我们可以得到哪些主要教训？对于世界上其他国家和地区特别是对于我们所在的地区（拉丁美洲）来讲，应该如何借鉴？

克里斯托弗·约翰逊：首先，让我先来回答迈克尔·康诺利关于欧元区内部的游戏规则问题。游戏规则之一是整个欧洲货币区都必须接受相同的利率。现在，如果我们没有欧洲货币联盟，一些经济扩张非常迅速的国家如爱尔兰和西班牙，可能会认为它们需要更高的利率。而经济扩张速度较慢的其他国家如德国和意大利，可能希望利率比现在更低。建立货币联盟的缺点是奉行"统一"的货币政策，这意味着需要通过财政政策来克服这个缺陷。爱尔兰已经拥有巨额预算盈余，而且很可能会继续增加。因此，重要的是，爱尔兰不应该采取任何措施来放松艰难的财政状况，这将抵消货币状况。同样，像意大利这类经济增长不那么强劲的国家，应当允许其拥有更高的预算赤字。因此，意大利人最初认为他们需要更高的预算赤字，但仍在3％的上限之内，这是欧洲货币联盟指导方针所允许的最高限额。但是，意大利人现在认为他们不需要更大规模的预算赤字。因此，财政政策和抵消统一的货币政策具有明显的相关性。还有一些国家可以采取微观的干预措施，如对住房征税。

埃布尔·贝尔特伦·德尔里奥：如果一个国家的财政赤字出现了偏差，并且不符合欧洲货币联盟的规定，会对其实施相关制裁措施吗？在欧盟体系内部是否有具体的制裁措施？例如，如果一些国家违反了内部规则，它们是否必须向位于布鲁塞尔的欧盟总部支付罚款或罚金？

克里斯托弗·约翰逊：如果一国财政赤字超过GDP的3％，该国确实会受到制裁。但是，是否实施制裁措施是一项政治决定。因此，我们还没有看到任何制裁的结果。如果没有一个国家违反财政赤字不超过GDP3％的规定，这其实也预示许多国家都有财政盈余。迈克尔·康诺利提出了一个关于铸币税分配的技术性问题。由于通货膨胀率很低，所以铸币税的收入也不会那么多。此外，铸币税问题还取决于一个国家发行的纸币和硬币数量。德国是一个使用现金的国家，其使用现金的程度远远超过了欧洲货币联盟中的其他国家。当德国马克以纸币和硬币的形式退出流通时——它们在2002年初必须这样做——德国财政部将不会从其持有的欧元份额中获得更多的铸币税，因为欧元份额取决于各国投入的资本，这或多或少与各国经济规模成正比。所以，这个问题可能还需要一些微妙的谈判。

迈克尔的另一个问题是，由谁来实际执行欧元区的货币政策。这当然是欧洲央行的责任所在。欧洲央行由每个成员国的中央银行行长组成，所以这是一个欧洲中央银行体系。在这个体系中，每个成员国都有发言权，并且可以根据本国国情主张利率的变化。欧洲各国央行行长对欧洲议会负责，他们与欧洲各国财政部长展开讨论，这在最近召开的欧洲 11 国会议上造成了一定程度的紧张。有人问我，如果美国希望与欧洲通话，那么应该打给谁？你可以打电话给欧洲央行行长维姆·德伊森贝赫（Wim Duisenberg）先生，也可以打给欧洲财政部长理事会主席萨乌里·尼尼斯托（Sauli Niinisto，芬兰财政部长）。没有加入欧洲货币联盟的国家（如英国）就不在联系的范围之内。罗伯特·所罗门的观点是，在实行欧洲货币一体化的过程中存在政治推动力，但在建立单一欧洲国家方面并没有推动力。这是一种在政治上走得更近的动力——接近到可以作出协调一致的经济决策，接近到可以避免过去导致战争的那种经济分歧。这是一个比创建单一欧洲政府要温和得多的抱负。在欧洲，很少有人想要建立单一欧洲政府，即使是德国人。所以，在讨论政治的时候，我们必须知道我们在讨论什么。

埃布尔·贝尔特伦·德尔里奥问到了欧洲一体化带来的主要教训是什么，我认为，主要的教训是不要在世界经济和金融危机期间尝试推进欧洲一体化进程，因为那会偏离轨道。欧洲货币一体化运动自 1970 年以来一直在推进，但 20 世纪 70 年代初的石油危机使我们偏离了轨道。20 世纪 80 年代初的第二次石油危机和 90 年代初的德国统一带来的冲击，让我们再次偏离了轨道。这三件事都发生在欧洲货币一体化实际上即将开始的时候，每一次都导致欧洲货币一体化进程的推迟，但最终我们还是看到了光明的前景。在 2002 年欧元纸币和硬币开始流通、欧洲货币一体化进程完成之前，我们预计不会再有任何类似的冲击。现在，我们拥有的只是金融市场一体化。

罗伯特·所罗门：我想澄清一下相关术语。欧洲中央银行体系包括欧盟所有的 15 个成员国，欧元区 11 个国家的中央银行体系被称为"欧元体系"。这很容易记住，因为欧元区中央银行体系听起来像是美国联邦储备系统，而且与美国联邦储备系统具有一定的相似性，它既是欧元区的中央银行，也是欧元区各成员国的中央银行，目前欧元区各国央行的地位类似于美国各地的联邦储备银行。所以，"欧元体系"就是指欧元区国家的中央银行体系，欧洲中央银行体系还包括欧元区的非成员国。这令人困惑，但理解欧洲中央银行体系与欧元区中央银行体系之间的区别十分重要。

克里斯托弗·约翰逊：欧洲央行内部由两个机构组成：一个机构是管理委员会，由 11 个国家和它们的中央银行组成，也就是所罗门所说的"欧元体系"。还有一个机构是总理事会，包括英国、瑞典、丹麦和希腊在内的所有 15 个国家都有代表参加。这是一个不太重要的机构。

罗伯特·A. 蒙代尔：克里斯托弗，首先感谢您对欧元的精彩介绍，我想提一个有关扩大欧洲货币联盟的问题。让我们首先讨论一下英国的政治形势。我们都知道，保守党前领袖威廉·黑格（William Hague）站出来坚决反对欧元及其相关问题，我想请您评估一下英国改变立场的可能性，特别是考虑一下新闻集团主席兼首席执行官鲁伯特·默多克（Rupert Murdoch）所能发挥的影响力。

另一个问题涉及新的国家如何进入欧洲货币联盟。我现在说的不是丹麦、瑞典和希腊等其他欧盟成员国，而是那些被邀请加入欧盟的中欧和东欧国家。欧洲央行在多大程度上有责任与这些国家开展合作，例如，帮助它们建立货币局，帮助它们实现《马斯特里赫特条约》规定的趋同条件。在这些国家被正式邀请加入欧盟之后，将通过什么程序帮助它们实现这些趋同条件？据我了解，法国和法国银行正在积极促进与波兰的关系。欧元区的扩张条件是否会有一个统一的政策？

克里斯托弗·约翰逊：罗伯特，我很乐意回答这些重要的问题。由于第二个问题比较简单，所以我先从回答第二个问题开始。欧盟的立场是，新成员国在加入欧盟之前不能加入欧元汇率机制，它们可能至少在未来 5 年内都不会成为欧盟成员国。但是在它们加入了欧元汇率机制后，很快就有资格加入欧元区。但与此同时，这些国家可以先将本国货币与欧元挂钩，然而它们这样做也不一定会得到欧洲央行的支持。成为欧盟和欧元汇率机制成员国的重要一点是，你会得到一份双向协议，即欧洲央行将支持这些国家的货币，但它们必须通过加入欧盟的测试，如低通货膨胀和低预算赤字。这些国家也许更倾向于使用欧元作为一种爬行钉住货币，尽管它们的本币可能必须不时地贬值。我不需要为我们的墨西哥朋友画一张图表（1994 年比索危机之后），但这样的货币体系应该是有效的。它有时会以灾难告终，但我们希望在这些国家不会。

英国可以选择加入欧元区，这是约翰·梅杰（John Major）领导的保守党政府在《马斯特里赫特条约》中谈判达成的协议。英国首相托尼·布莱尔（Tony Blair）领导的政府的立场并没有发生太大的改变，所以英国可以选择加入欧元区，英国尚未决定是否或何时行使这一权利。其中还是存在一定差异的。保守党承诺未来十年内反对加入欧元区，这是威廉·理查德·费彻（William Richard Fetcher）的建议，他认为英国应该完全退出欧盟。这是一种激进的立场，但在右翼中赢得了一部分支持。托尼·布莱尔领导的工党政府原则上希望加入欧元区，但仍面临两大障碍。障碍之一是来自公众的反对。罗伯特·A. 蒙代尔提到了鲁伯特·默多克，他控制了两份重要的报纸《泰晤士报》和《太阳报》（The Sun）。加拿大百万富翁康拉德·布莱克（Conrad Black）控制了另一份报纸《每日电讯报》（The Daily Telegraph）。最近，鲁伯特·默多克与欧盟委员会现任主席罗马诺·普罗迪（Romano Prodi）共进午餐，这让我深受鼓舞。因此，如果默多克能得到一家意大利电视台，他可能会放弃反对英国加入欧元区的立场。然而，布莱尔政府必须克服公众的反对。布莱尔政府尚未真正开始尝试说服人们，这可能要拖到下次选举之后，很可能是在 2001 年之后才会这样做。布莱尔希望成为连任两届或三届的首相，他不想让欧元的不受欢迎影响到他，尽管他仍然非常受民众拥护。但在下一次选举之后，英国人很可能会举行全民公投，并开展支持欧元的政府运动。到那时，我认为，无论是由于政治原因还是经济原因，英国都不能置身事外，欧元的成功是显而易见的。

我相信，英国在 2003 年或 2004 年会加入欧元区。

斯文·阿恩特： 我想提出在罗伯特出色的"罗宾斯讲座"（第 1 章）中提到的一个问题，我还想听到更多的讨论。那个问题是，随着欧元成为一种已被认可的货币，它将如何影响作为储备货币的美元。一方面，这被认为是一场零和博弈，世界各国央行积累欧元的趋势都意味着美元储备的减少；另一种极端的观点认为，欧元的积累实际上只是来自欧元区自身的增长，而不是来自其他货币。例如，各国央行将减持它们持有的德国马克和瑞士法郎，并购买欧元。罗伯特并未完全站在零和博弈的那一边，但他相当悲观。我想，我们可以讨论一下这个问题。

杰弗里·弗兰克尔： 在说出我的计划之前，让我先试着回答斯文的问题。直到最近，我还在美国政府中任职（作为总统经济顾问委员会成员），我对欧元作为储备货币的影响问题作出的回应是，这取决于欧元或美元是否走强。但我倾向于认为，这两种货币都会走强。这听起来可能有点矛盾，但如果从购买力角度来考虑货币的强势问题，那么只要欧洲央行和美联储都遵循适当的货币政策，这两种货币就都可以通过最具差异化的政策措施保持强势。这不是对斯文所提问题的完整回答，但却是答案的重要组成部分。

我还想向大家介绍一篇关于欧洲货币联盟长期成功可能性的论文，它由几个部分组成。一部分是罗伯特·A. 蒙代尔提出的经典最优货币区理论。经典最优货币区标准，包括以贸易衡量的一体化程度、劳动力流动程度（这是罗伯特在其原始论文中提出的标准）、财政和政治一体化程度以及冲击的对称性（或商业周期的同步性），决定了一组国家（如欧洲国家）是否是放弃本国货币独立性的良好候选国。总的来说，我认为，建立欧洲货币联盟是好事。但在欧洲，即使是欧洲货币联盟 11 国也不符合这些标准，就像美国的各州一样。但我想说的第一点是，这些因素都是内生的，它们会随着时间的推移而变化。由于欧盟和欧洲货币联盟自身的原因，欧洲内部的贸易和劳动力流动、其他一体化措施以及冲击的对称性都在改善，所以这是内生的。

　　我这篇论文的另一个组成部分与冲击有关。克里斯托弗·约翰逊指出，过去，欧洲货币联盟的计划曾因为冲击而被推迟了好几次，但他相信这种情况不会再发生，而我认为这种情况也有可能会再次发生。平均而言，全球经济体系大约每十年会发生一次重大冲击，如 20 世纪 70 年代的石油冲击、80 年代的里根经济学和 90 年代的德国统一。我们无法预测下一个冲击会是什么，但最终冲击可能还是会发生。所以，我的观点是这样的：如果未来十年或二十年内不发生严重的冲击，或者发生的冲击对所有欧洲国家的影响大致相同，那么欧洲货币联盟将得以生存。我认为，二十年后，欧洲内部的贸易一体化、劳动力流动、财政一体化、政治一体化与冲击的相关性都会非常高，使得欧盟成员国能够经受住从那以后发生的一切冲击。但是，如果未来十年或二十年发生重大的非对称性冲击，那么我就会担心欧洲货币联盟的生存问题，特别是当这些冲击发生在英国或其他一些目前尚未加入的国家加入欧元区的过渡时期时。

　　赫伯特·格鲁贝尔：克里斯托弗，我想对政治在欧洲货币联盟中发挥的作用提出另一种解释。在墨西哥，我们没有必要谈论央行在造成经济不稳定方面所起到的作用。我认为，拉丁美洲国家和许多欧洲国家的经济不稳定大都是由中央银行的不当行为造成的。中央银行本身不应受到指责，因为最终的原因是政治。例如，政治家们利用货币政策让自己连任，并为他们的朋友提供好处。我相信这一点，哥本哈根大学尼尔·塞格森（Neils Segerson）教授的研究也支持这个看法。塞格森教授有一家公司为欧洲央行提供咨询，研究为什么意大利银行和意大利议会愿意放弃它们曾经影响意大利经济条件的权力，从而增加政治家们的连任机会。他发现了一个深刻的答案：每隔一段时间，政治家们就会感到良心不安。他们会扪心自问，他们真的为国家做了最好的事情吗？拥有一家可以为政治家们获取利益的中央银行真的符合意大利的利益吗？我认为，政治家们和央行行长们最终意识到，他们在第二次世界大战后的岁月里玩得很开心，但意大利银行并没有发挥作用。正因为如此，他们设计了一种新的中央银行，希望摆脱这种政治影响。这就是我认为意大利愿意加入欧洲央行的原因。

但这立即又给克里斯托弗·约翰逊提出了另一个问题。如果欧洲央行的管理机构最终也受到类似的政治影响，而且这种政治影响要大得多，与意大利银行相比，欧洲央行是否会对整个地区乃至世界造成更大的破坏？因此，在我看来，欧洲央行面临的最重要问题之一是真正的政治独立性问题。要做到这一点，一种方法是让欧洲央行只遵守规则，并根据经得起时间考验的原则行事。例如，我认为，欧洲央行不应该再以充分就业为目标，价格稳定应该是它唯一的目标。即便如此，欧洲央行在政治上也不是中立的。归根到底，人类组织和协议必须具有一定的责任。在一个民主国家，人民应该有机会说："我们已经受够了。"因此，问题在于，如果我们赋予欧洲央行一部非常强大的宪法，将其与政治隔离开，那么欧洲央行就会做出最疯狂的事情，也许欧洲央行是由麻省理工学院经济学专业的教授所控制的。你看，我们都不知道。那么，问责制的基础是什么？我相信克里斯托弗已经思考过这个问题，我也想听听关于政治和经济结果之间的紧张关系。

克里斯托弗·约翰逊：这需要一个答案。我不太确定，赫伯特认为政治家和中央银行家都是疯狂的。他的问题的第一部分认为政治家做不到正确的行事，第二部分认为中央银行家的表现似乎同样糟糕，但我不这么认为。我只是想以不同的方式复述一下他关于意大利的特征事实，因为这可以说明当今欧洲正在发生的事情。意大利的政治家们已经无力控制本国的财政赤字，事实上意大利央行不得不介入，而不是违背大多数政治家们的意愿，通过紧缩货币政策来抵消宽松的财政政策，收拾这个烂摊子。但是，由于意大利的高利率提高了债务的利息支付，意大利的财政赤字进一步增加。

意大利现在的情况是，因为人们相信意大利是欧洲货币联盟中的一个良性成员，所以它减少了财政赤字，进而降低了利率，也进一步减少了财政赤字。所以，意大利经济目前正处于一种良性循环之中。但我认为，意大利央行的态度是，它们的工作吃力不讨好。意大利央行扮演坏警察，政府却扮演好警察，但是没有人总是喜欢扮演坏警察的角色。所以，我认为，意大利央行很高兴把这个任务交给欧洲央行。意大利央行行长正在失去权力，但他们并不喜欢以曾经的方式行使这种权力。

现在，正如赫伯特所说，欧洲央行的独立性得到了保证，它比美联储或德国央行更加独立，后者的地位可以被议会法案改变。欧洲央行拥有条约赋予它的独立性，这种独立性是根深蒂固的。但是，话虽如此，就像我说过的意大利一样，央行行长们总是希望受到欢迎，他们做的第一件事是鼓励政府在财政上循规蹈矩。他们正在这样做，而且政府也正在这样做，这样做是有充分理由的。另一件事是他们必须对失业和增长等问题保持敏感，这也是《马斯特里赫特条约》中规定的内容。央行必须在更广泛的经济政策目标范围内运作。因此，虽然央行的主要政策目标是价格稳定，但价格稳定并不是其唯一的目标。

戴维·安德鲁斯： 在欧洲央行的政治独立性问题上，克里斯托弗·约翰逊非常正确地断言，从宪法上看，欧洲央行比德国央行更加独立。当然，真正重要的是央行的影响力以及央行与政治当局的对话。德国央行在与德国政策对话中的影响力不仅来源于它的宪法授权，而且还获得了公众的巨大支持。许多人指出，德国有过可怕的通货膨胀历史。但我更倾向于认为，德国央行官员在德国开展政治博弈时非常聪明。

欧洲央行在管理与 11 个国家体系的政治对话方面要困难得多。让我举一个简单的例子。欧洲央行工作的工具语言是英语，英语曾一度是它的工作语言，但法国人反对使用"工作语言"这个术语，所以英语现在依然是"工具语言"。当然，欧元区 11 国中只有爱尔兰的语言是英语，所以欧洲央行处理任何事情都必须翻译成好几种文字。事实上，欧洲内部正在进行的一系列复杂谈判要比德国央行面临的问题复杂得多。

阿诺德·哈伯格： 在这个问题上，我觉得我与杰弗里·弗兰克尔的观点完全一致。固定汇率制度在很多时候都能长期运行良好，但也曾多次出现崩溃和困难。我认为，经济学家们普遍认为，小的冲击不算问题，大的冲击才是问题所在。但当重大冲击为正面冲击时，外汇储备会流入，货币会扩张，价格水平也会上升，各国很容易进行内部调整，基本上不存在什么问题。

造成麻烦的是负面冲击。负面冲击通过降低一国的价格和工资来实现调整。不管制度安排如何，各经济体几乎都能抵御这种对一般价格水平和工资构成的负面压力。至少从 1994 年以来，阿根廷就一直在经历这种通货紧缩的过程，至今仍未实现均衡。但阿根廷是一个非常特殊的案例，我不想详细讨论。在参加本次会议之前，我已预料到了这个问题。我拿起我的统计摘要，研究了美国阿巴拉契亚地区的高失业率问题。自 20 世纪 30 年代以来，阿巴拉契亚地区的失业率一直是一个问题。在 20 世纪 90 年代，阿巴拉契亚是美国高失业率的两个主要地区之一。到目前为止，它依然是福利领取者和其他贫困衡量标准的主要地区。尽管多年来资本大量迁移，人口也大量迁出该州，但这种高失业率问题依然存在。因此，我认为这是一个问题。大约一年前，我参加了一个会议，当时法国前总统瓦莱里·吉斯卡尔·德斯坦也在场，他被邀请回答有关失业率的问题。他的回答很有贵族气派："我们欧洲内部的劳动力流动性很大，西班牙人到这里来，土耳其人又到那里去，天知道会发生什么，但劳动力流动将解决一切问题"。好吧，我真的不相信，但我仍有兴趣了解，在欧元区机制内的讨论中，人们是如何看待高失业率问题的。

罗伯特·巴特利：我想就欧洲的政治家们为什么愿意在建立共同货币时放弃主权因素发表几点看法。从政治家的角度来看，货币主权的主要好处是选举时可以使用的货币幻觉。也就是说，如果货币扩张在被金融部门的通货膨胀抵消之前已影响了实体部门，如果你能正确地预测这种影响的滞后性，并在选举前的适当时间扩张货币，那么当选举发生时，你将得到的是通货膨胀对实体部门而不是对金融部门的影响。

我认为，现在的情况表明，货币幻觉正在消失。随着公众对 20 世纪 70 年代通货膨胀的了解，跨境金融市场效率的不断提高，以及由于计算机和通信的进步，这种滞后被缩短了。货币主权对相关人员的政治价值已经大大降低，从公共选择的角度看政治家们的角色，他们认为没有货币主权会更好。我认为，这就是一种解释。如果真是这样的话，随着世界上其他国家和地区的政治家们吸取同样的教训，这可能是进一步推进建立统一货币的一个好预兆。

关于另一个有点不同的问题是"问责制"，日本银行最近刚刚宣布独立。我和我周围的很多人都认为，如果日本的货币政策不那么独立，现在的情况可能会更好。

问 答

听众提问：这是一个有点不同的政治问题，它与欧元区的公共财政状况关系更大。许多分析人士认为，包括核心国家和非核心国家在内的许多欧盟成员国都是通过创造性会计处理达到了趋同标准。结果，由于偿债能力下降，财政赤字也一直在下降。但在核心问题上，仍有许多悬而未决的问题，这些问题与这些欧盟成员国所承诺的福利政策有很大的关系。一旦降低债务还本付息的效果消失，各国将不得不面对一些非常艰难的决定，我想知道在这些方面是否取得了任何进展。

听众提问（伊比利亚美洲大学的莱恩·戴维，Lane David）：我的问题可能不太恰当，但利率是资源分配的信号机制，随着欧盟新成员的加入，我们将看到越来越多的分歧，这将如何影响欧盟内部的资本流动？

保罗·J.扎克：我想告诉你们克里斯托弗·约翰逊昨晚在晚宴上告诉我的话，这把所有事情都联系起来。克里斯托弗预计，在未来10~15年内，欧元区将包括20个或更多的国家。这会使欧洲央行规则的执行成为关注的焦点。如果杰弗里·弗兰克尔是正确的，冲击将变得不对称，那么伴随欧元区国家数量的增加，特别是随着欧元区国家多样性（如波兰和捷克共和国）的增加，违反规则的可能性就会随之增大。这说明存在两个问题：第一，国家机构能否合并，使我们能够在没有创造性会计的情况下实现真正的统一？第二，允许各国选择退出的机制是什么？这些机制是否已经建立起来，以便在某个时刻，当一个国家面临巨大的冲击时，它有能力选择退出欧洲货币联盟？尽管这些机制不会让这种情况发生的可能性太大，但应该让退出欧洲货币联盟成为一种可能。欧洲货币联盟体系必须具备灵活性，但我不认为世界货币能解决这个问题。事实上，世界货币可能是危险的，因为这样一来，每个国家都将纯粹通过内部调整来吸收冲击。这是一个非常微妙的问题，但我认为它总结了最后三四个论点的核心问题。

罗伯特·A. 蒙代尔： 根据保罗最近的观点，结合杰弗里的观点，如果在三年后发生一次巨大的冲击，知道一个国家如何选择退出会很有趣，因为这个国家甚至已经没有了自己的货币。因此，在选择退出的机制上存在一种制度问题。如果一个国家受到了非常大的冲击，它已经没有了自己的货币可以寻求庇护。德洛尔委员会希望单一货币计划是不可退出的。

赫伯特·格鲁贝尔： 好吧，我认为，过去巨大的冲击是世界体系内在的，因为世界体系采用了保罗·萨缪尔森的错误经济学，例如对石油冲击的反应。我的回答是，至少对较小的冲击来说，浮动汇率的可用性或应对冲击而改变汇率的能力，使得政治体系能够推迟必要的实际调整。例如，假定一个国家的工会过于强大，政治家们没有能力与工会对抗，但他们可以通过承诺实行固定汇率制度来间接地对抗工会。因为如果工会对工资提出过高的要求，它知道央行和汇率是不会实施救助的。浮动汇率可以通过多种方式避免必要的实际调整，以实现更高效的经济和更好的经济增长。这就是我的答案。今天下午我们会详细地讨论这个问题。

罗伯特·A. 蒙代尔： 斯文提出了欧元在世界经济中重要性的问题。我现在不打算就这个问题展开争论。我昨晚已经做了一些阐述，关于这个问题我写了很多文章，我不想再重复了。不过，我想问的是，当11种货币被一种新的货币取代时，这对浮动汇率制度的稳定性会产生什么影响？经济学理论对此有何解释？答案是，经济学理论对此没有任何解释。这是一个悬而未决的问题。假设世界上有 200 种货币，然后将它们分成不同的货币区，那么你就会有 150 多个浮动货币区。让我们假设这个"瓦尔拉斯系统"保持动态稳定，现在再次假设你从这些货币区中选取一部分货币并组成一个货币联盟。这个系统仍然能保持动态稳定吗？这是计量经济学中尚未解决的一个问题，我只是想把它提出来，以便在座的数学家们可以尝试找到解决方案。

赫伯特·格鲁贝尔提出了一个政治问题，我同意他的很多观点。我认为，对于至少半数加入欧元体系的国家来说，最大的好处是它们将获得比以前更好的货币政策。这当然也适用于葡萄牙、西班牙、意大利和希腊。如果这些国家在此期间一直坚持德国马克区，它们就会获得更好的货币政策和财政政策。意大利就是一个很好的例子。1949—1971 年，意大利实行了 22 年的固定汇率。然后，当意大利转向浮动汇率时，它完全失去了货币纪律，里拉贬值了一半。后来，意大利加入了欧洲货币体系，经过巨大的努力，才重新恢复了货币稳定。不幸的是，货币稳定的恢复与最荒谬的财政不稳定的发展相关，意大利的公共债务占 GDP 的比重由 50% 飙升到 100% 以上。

我相信，对所有加入欧元体系的国家来说，货币政策都会比以前更好，德国可能是个例外。但即便如此，德国也可能从摆脱容易被高估的德国马克中获益匪浅。

杰弗里·弗兰克尔提到了最优货币区的问题，人们对我提出的这个概念通常褒贬不一。其中一个问题是非对称性冲击。现在，有大量关于非对称性冲击的研究文献。非对称性冲击通常表明，如果各国受到的冲击影响不同，那么当它们放弃将汇率作为调整的武器时，就会产生问题。

我不同意这些研究文献的总体基调。如果你仔细阅读我的文章，你会发现它在本质上是抨击浮动汇率理念的。我的主要观点是说，鉴于当时提出浮动汇率的一些理由，除非货币区建立在区域而非国家的基础上，否则它们将不会实现预期目标。

而这些研究文献试图了解是否存在重要的非对称性冲击。但在欧洲，至少大多数一般性冲击都会影响到所有或大多数国家，很少有冲击可以确定为是对特定国家的影响。事实上，针对特定国家的最重要冲击来自一国汇率的变化。如果一个小国发生货币贬值，这将对该国产生特殊的影响。但货币联盟会排除这种冲击，所以这种冲击无关紧要。

还有其他类型的非对称性冲击。考虑一下贸易条件冲击，石油冲击一直属于贸易条件冲击。至少对欧洲来说，除了北海石油可能导致对英国的冲击外，石油冲击并非是真正的非对称性冲击。但是，假设一半的欧洲国家生产石油，另一半的欧洲国家不生产石油。在这种情况下，石油冲击将是一种非对称性冲击。欧洲有一半国家的经济情况会更好，另一半国家的经济情况会更糟。作为题外话，人们可能会争辩，货币联盟能够提供一种优势，因为就石油冲击对欧洲生活水平的影响而言，石油冲击对整个欧洲的影响是中性的。但主要的问题是，在这种情况下，汇率变化是否合适？为什么汇率变化有助于各国抵消其贸易条件的基本变化？

事实上，汇率变化无法弥补贸易条件的变化，但贸易条件的变化会改变进出口的相对价格，这是一个真正的变化。汇率变化对进出口价格的影响程度与货币贬值的影响程度相同，纯粹是名义货币的变化。如果石油价格上涨一倍，减少了石油进口国的实际财富，为什么石油进口国还要通过提高石油和所有其他商品的价格来加重自己的负担呢？

利用汇率来抵消贸易条件变化的想法是一种谬论，足以让所有研究生在考试中都不及格。但这个谬论具有反常的持久性。1990年加拿大银行年度报告是在时任加拿大银行行长约翰·克罗（John Crow）一直努力实现零通货膨胀的情况下撰写的。克罗成功地降低了通货膨胀，但在失业率和经常账户方面却付出了可怕的代价。在此期间，汇率大幅升值，加拿大银行以汇率变化可以抵消贸易条件变化的错误论点来支持其政策。在我们向加拿大银行提出这个问题后，加拿大银行承认自己是错误的，但伤害已然造成。加拿大银行的观点应该是，汇率政策可以促进实际汇率的变动，但这与贸易条件无关。

我要评论的最后一个问题是要素流动性。昨晚讲座结束后，有人问我要素流动性的重要性。具体来说，他问道，美国和墨西哥之间的劳动力流动性很低，在这种情况下墨西哥与美国之间实行固定汇率是否是一个好主意？我对这个问题的回答是，墨西哥和美国之间的要素流动将促进汇率调整，但这只是最优货币区的影响因素之一。即使两国之间完全没有劳动力流动，建立货币联盟或实行固定汇率仍可能是有益的。早在1792 年，当美国建立货币联盟时，13 个殖民地之间的劳动力流动相对较少，但这并不妨碍美国从共同货币中获益。同样的观点也适用于基于全球双金属或金本位的固定汇率制度。

就北美的效率而言，这为墨西哥和美国之间的劳动力自由流动提供了充分的理由。无论墨西哥与美国实行固定汇率，就像 1954—1976 年期间那样，还是墨西哥实行浮动汇率，就像 1976 年以来的混乱时期一样，这一观点都是成立的。

罗伯特·所罗门： 罗伯特·A. 蒙代尔在谈到非对称性冲击时，暗示了非对称性冲击来自汇率的变化。在欧洲，你可能会遇到非对称性冲击，这不仅是因为欧元区内部的汇率无法改变，还因为欧元区奉行单一的货币政策，而罗伯特没有提到这一点。不同的国家会受到不同的影响，我们称之为"冲击"。除了汇率外，欧元区国家还无法改变它们的货币政策。除了石油冲击外，还有一些非对称性冲击的例子。德国统一在欧洲就是一种非对称性冲击。目前，爱尔兰的经济增长速度是欧元区其他国家的 2～3 倍，但它的利率与欧洲其他国家相同，因此它可能会面临一些通货膨胀的压力。人们很容易想象，在欧洲货币体系下会出现许多非对称性冲击。

福斯托·阿尔扎蒂： 利用汇率来避免调整是一个关键问题，我希望得到更多的评论。因为我认为这对墨西哥和其他发展中国家的经济增长至关重要。例如，目前有关阿根廷的辩论中，重要的是我们要认识到阿根廷的问题在多大程度上来源于巴西。阿根廷决定采用固定汇率，当然阿根廷的政治家们并没有继续进行必要的调整和结构改革。但随后阿根廷遭受了损失，因为其邻国巴西愿意利用货币贬值来提高出口竞争力。从短期看，货币贬值的做法可能非常有效，但如果经济继续维持原状，

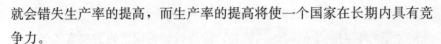

就会错失生产率的提高，而生产率的提高将使一个国家在长期内具有竞争力。

这也与罗伯特·A.蒙代尔在他的"罗宾斯讲座"中提出的关于美元兑欧元汇率的问题有关。在目前的世界经济分工中，美国已经成为创新的最大生产国。在新知识方面，没有谁能与美国的高等教育体系相媲美，世界经济中大部分生产率的提高都来自美国。此外，欧洲在许多方面都已经落后，没有能力像美国那样进行创新。如果这种差异持续存在，如果欧洲不做出调整，变成一个更加灵活的经济体，我认为，从长远来看，美元将继续作为首选货币，因为美元是一个经济生产率更高的国家的货币。

保罗·J.扎克：我想跟进福斯托和罗伯特·所罗门的观点。我可以想象这样一种情况，如果出现大规模的非对称性冲击，欧洲央行可能会受到勒索。假定爱尔兰经历了一场重大的冲击，并威胁要退出欧盟，除非欧洲央行制定降低利率等更为扩张性的货币政策。爱尔兰可能需要加快经济增长，才能满足国内选民的需求。在这种情况下，欧洲央行会受到某种勒索。欧元区国家都希望稳定，也希望团结一致，但各国都有对国内问题的关切。那么，欧洲央行会如何做呢？好吧，欧洲央行可能不得不将资源转移到经济较弱或收入较低的国家，如爱尔兰或法国。这是一个基本的政治问题，如果欧洲货币联盟是一个可行的体系，我们必须解决这个问题。希望有一些机构可以解决这个问题，这是罗伯特·A.蒙代尔没有提到的一种可能性。

戴维·安德鲁斯：我想回到可持续发展的问题上来。杰弗里·弗兰克尔已经提到，最优货币区理论所确定的各种因素似乎主要是内生的。一国在加入单一货币联盟后，成为更适合单一货币的候选国。迈克尔·康诺利提出的另一个重要观点与欧元在欧洲的实际引入有关。2002年后，关于继续留在欧洲货币联盟内还是离开欧洲货币联盟的成本效益分析发生了巨大变化。现在是实施非对称性冲击的最佳时机，这样，一个国家在有形的欧元出现之前就可以退出欧元区。与2004年或2005年相比，目前选择退出欧元区的成本要低得多，因为那时退出欧元区还需要重新引入一种本国货币。

最后一点，我认为，蒙代尔教授关于他自己早期作品的评论非常有趣。我只想提出一个友好的修正，最优货币区理论的最大问题不就是它的名称吗？也就是说，它没有确定一个最优货币区，而是确定了或多或少适合参与单一货币的区域或国家。我认为，尽管最优货币区理论这个名字本身的用意很好，但容易让人们想象有某种神奇公式的存在，确认欧元区国家是不是一个最优货币区。事实上，为了作出这样的决定，你必须对社会福利功能以及社会和政府在宏观灵活性与微观效率之间的权衡方面的偏好作出一些假设。

罗伯特·A. 蒙代尔：问题不在于最优货币区名称本身，而在于这个名称的用途。

杰弗里·弗兰克尔：实际上，我很喜欢最优货币区这个名称，我一直把它解释为地图上一个值得拥有自己独立货币的地区的最优规模，因为人们可以用很多不同的方式来划分地图。尽管罗伯特提出了这一理论，但还有其他的贡献者。我认为，贸易一体化十分重要，非对称性冲击也很重要，这些概念来自这个领域后来的贡献者。

我对罗伯特的这个说法感到有点吃惊。他说，浮动汇率在调整贸易条件冲击方面没有发挥任何作用。让我们重点关注大宗商品的冲击，以使讨论更加清晰。的确，浮动汇率不能完全抵消贸易条件冲击的影响。如果你生产铜，但铜价下跌了，你的境况会更糟糕。但如果没有汇率的灵活性，由于工资和价格都存在黏性或摩擦，你面临的境况可能比贸易条件冲击更加糟糕，如失业和严重的经济衰退。在这种情况下，正如我们从米尔顿·弗里德曼那里学到的那样，改变汇率可能比改变本地工资和价格更为容易，而且可以让经济调整到新的均衡状态。我想到了两个例子。在 20 世纪 70 年代和 80 年代的石油危机中，就存在着一些非对称性冲击。英国和挪威拥有石油储备，它们的货币因此而升值，我认为，这在当时是有道理的。去年的一个例子是全球农产品和矿产品价格

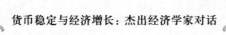

的下跌，出口这些商品的国家通常会预见到其货币将贬值。

克里斯托弗·约翰逊：我想就这次讨论提出一两个问题，我关注的焦点集中在汇率、冲击和最优货币区三个相关问题上。人们似乎没有注意到，各国已不再能够控制它们的汇率，或者说已不能像在布雷顿森林体系下那样控制汇率了，但各国可以选择一个新的汇率平价。英镑在1967年贬值了15%，这就是英镑的新汇率。现在，在浮动汇率制度下，当各国试图将汇率用于政策目的时，汇率要么在正确的方向上走得太远，就像墨西哥那样，汇率超调；要么，汇率实际上可能在错误的方向上移动，而各国无法控制市场对其汇率的影响。因此，汇率几乎是一种无用的政策工具，即使它曾经看起来是有用的。

接下来，我简单地谈谈冲击问题。非对称性冲击并不是典型的，因为它们对某些国家的影响与对其他国家的影响相反。这些例子包括石油价格和德国的统一。很多人认为，当冲击以相同的符号作用于所有国家但影响程度不同时，冲击就是非对称性的。德国比法国受到油价上涨的影响更大，但两国都受到了影响。俄罗斯出口市场的崩溃对意大利的影响更大，因为尽管所有欧洲国家都向俄罗斯出口商品，但意大利对俄罗斯的出口更多。我不认为这种影响是非对称的，这只是一个市场事实。经济关系存在不一致性，我认为称之为非对称性冲击会混淆讨论。

最后，关于最优货币区问题，我很高兴罗伯特提醒我们，他的文章真正说了些什么。这里有一个有用的概念，我想引用一些内容，因为罗伯特·所罗门在他的书中引用了最优货币区概念，所以我要宣传的是罗伯特·所罗门的书《移动的金钱》（*Money on the Move*）而不是我的书。我认为这本书非常好地引用了这样一种观点，即欧盟正在尝试成为一个最优货币区。早在我们考虑建立欧洲货币联盟之前，创建欧洲经济共同体的理论依据就是要消除劳动力和资本流动的障碍，而这正是欧盟一直在做的事情。因此，如果欧洲货币联盟的目标是建立一个最优货币区，认为我们尚未达到这个目标是前后矛盾的，因为欧洲货币联盟计划的一部分是经济一体化，而这将产生一个最优货币区。所以，让我们结束询问我们是否已经达到了这个阶段的讨论。消除贸易壁垒是一个长期过程的一部分目标，而创建单一货币是另一部分目标。

埃布尔·贝尔特伦·德尔里奥：经过今天上午的讨论，在建立货币区的要求上增加了一个国家的政治同情和文化条件，罗伯特·A. 蒙代尔对此做出了精彩的解释，这难道不是很有意义吗？我认为，德国人非常希望通货膨胀率比我们墨西哥的通货膨胀率更低。这可能反映了这些国家的政治氛围以及传统和文化的差异。

迈克尔·康诺利：1994 年的比索贬值给墨西哥银行体系带来了巨大的金融压力，因为墨西哥银行体系基本上由短期美元资产和长期比索资产组成，但大幅贬值往往会降低银行体系的资产价值，提高其负债价值，从而给银行体系带来巨大的金融压力。这反映了墨西哥和拉丁美洲其他国家受到冲击后进行调整的一个方面。例如，如果石油价格下跌导致货币大幅贬值，那么压力就会转移到金融系统上，然后产生进一步的负面影响。

福斯托·阿尔扎蒂：我对埃布尔的话做个评论。我看不出墨西哥人有什么理由希望有比德国人更高的通货膨胀率。墨西哥政治家们可能希望如此，但那只是因为他们缺乏责任感。他们非常清楚，我们希望像美国和德国一样实现低通货膨胀率。我看不出我们有任何理由想要高通货膨胀率。

斯文·阿恩特：我想这是很好的结束语。感谢大家今天上午的出席。

第4章 拉丁美洲的货币政策与经济增长

主持人：罗伯特·巴特利

我将回顾过去几年拉丁美洲的历史，这可能会告诉你们很多已经知道的事情，但尽管如此，我认为仅仅设定场景并概述一些需要讨论的问题，就是有价值的贡献。拉丁美洲当前的问题始于 1994 年末的墨西哥货币贬值，尽管这是墨西哥比索一系列危机中最近的一次，但我认为这次危机更广泛地改变了拉丁美洲的发展前景。从那以后，该地区一直受到一系列国际金融发展和汇率发展的冲击，这些变化在一张图表中得到了生动的概述，该图表来自贝尔斯登公司国际经济部主任戴维·马尔帕斯（David Malpass）在参议院就银行业问题发表的证词中。

当然，阿根廷实行货币局制度，因此所有的金融压力都直接反映在利率上，所以你有一张国际压力的晴雨表。你可以看到，在 1995 年墨西哥货币贬值后，阿根廷利率达到近 30％ 的峰值。1997 年爆发的亚洲危机，可以被视为对中国香港货币局的一次攻击，港币利率也达到了 12％ 的峰值。随后，俄罗斯又一次违约，巴西货币再次贬值。所有这些事件都冲击着阿根廷和所有其他拉美国家的金融体系，同样也冲击着世界上欠发达国家的金融体系。1994 年的墨西哥货币贬值和阿根廷的货币局都是不同货币制度抵御外部金融冲击的测试案例。我认为，很明显，第一个结论应当是，贬值、浮动汇率和货币局制度都不能解决任何结构性问题。所有拉丁美洲经济体目前都处于衰退之中，但美国经济却出现了繁荣和发展。拉丁美洲唯一的例外是墨西哥，墨西哥没有陷入经济衰退，目前的经济表现非常好。之所以会出现这种情况，是因为墨西哥经济现在与美国经济紧密相连，墨西哥似乎在走美国的模式而不是拉丁美洲的模式。毫无疑问，这归功于北美自由贸易协定。但不幸的是，对于西半球其他国家来说，美国似乎逐渐减弱了北美自由贸易协定的扩张势头，因此它们只能自力更生。巴西应对这些压力的反应是在今年（1999 年）年初放弃了雷亚尔计划，转而采用浮动汇率制度。巴西的结果并不像我和其他人所预期的那样引人注目，通货膨胀并没有大幅上升。这可能是由于阿米尼奥·弗拉加·内图（Armínio Fraga Neto）被任命为央行行长，他在巴西是一个令人放心的人物。

巴西可能还没有走出困境，因为它遭受了外汇储备的巨额损失，这破坏了巴西与阿根廷之间的关系。此外，还存在的一个问题是，在汇率不稳定的情况下，像南方共同市场这样的自由贸易区能否维持下去？就在来这里开会之前，我参加了在纽约举行的道琼斯美洲会议，来自巴西和阿根廷的经济学家也参加了这个会议。一位巴西经济学家站起来说，巴西人通常都很乐观，但他对巴西的经济前景非常悲观，因为巴西无法保持宏观经济的稳定。阿根廷经济学家也站起来说，阿根廷人通常都很悲观，但他很乐观，因为按照阿根廷的经济发展方式，政府干预没有多少回旋余地。

当我回顾这些金融危机时，我认为有一些重要的问题需要讨论，那就是国际货币基金组织到底是解决危机的"良方"还是造成危机的根源。事实上，国际货币基金组织是否正在推行适当的计划？1994 年墨西哥比索危机的不同之处在于，美国实施了一项约为 400 亿美元的庞大救助计划，用于救助特索博诺斯（Tesobonos，以美元计价的墨西哥政府债券），这些债券需要支付 15％的利率，并承担全部风险。问题是，在世界其他地区的风险计算中是否应该引入道德风险因素？我认为，亚洲危机在一定程度上至少反映了国际货币基金组织更倾向于货币贬值。我们知道，国际货币基金组织前总裁米歇尔·康德苏（Michel Camdessus）曾四五次访问泰国。他声称，泰国需要外部平衡，应当放弃泰铢与美元挂钩的危险联系。当然，有一些失衡需要纠正。但他并没有告诉泰国，如果泰铢继续与美元挂钩，将加剧泰国经济的结构性问题。事实上，他告诉泰国，如果泰铢不再钉住美元，泰国经济的结构性问题会迎刃而解。

但货币贬值的幅度远远超出了所有人的预期，在整个亚洲引起了一场巨大的危机。随后，各种救助行动纷纷展开，紧随其后的是俄罗斯的违约。所有的市场都认为，如果它们要救助特索博诺斯，就相当于它们在救助一个拥有众多洲际弹道导弹的国家。事实证明，俄罗斯是一个需要救助的黑洞，而且出现了违约。这不仅对拉丁美洲和发达国家产生了巨大影响，对美国也产生了巨大影响。1998 年第四季度，我们这些靠销售金融广告为生的人面临了经济衰退。

上周，我们就厄瓜多尔有关布雷迪债券［"布雷迪债券"是以美国零息债券为抵押的重组银行债务，以 20 世纪 80 年代发明该债券的财政部前部长尼古拉斯·布雷迪（Nicholas Brady）的名字命名］的违约问题取得了惊人的进展。有意思的是，这次违约得到了国际货币基金组织的支持，之前国际货币基金组织也曾试图让巴基斯坦违约。换句话说，为了防止特索博诺斯违约，国际货币基金组织筹集了 400 亿美元，现在它却催促厄瓜多尔对布雷迪债券违约。在此，需要注意的问题是，国际货币基金组织希望在所有这些债务合同中加入破产条款，以确保各国在不拖欠布雷迪债券及其私人债务的情况下也无法拖欠官方债务。目前，私人贷款机构对此感到非常不满，它们不希望看到在债务合同中加入破产条款。我本人对此态度有些复杂，因为这肯定是解决道德风险问题的一种方法，也就是说，私营部门应该知道它们在这类交易中可能会亏损，这可能会让投资者更加谨慎。

最后一个评述是，包括阿根廷和智利在内的整个拉丁美洲国家都在举行选举，而巴西仍然存在政治上的不确定性，墨西哥正在进行总统竞选。从公共选择的角度来看，国际货币基金组织的救助或紧急援助可能会使约束政治家们变得更加困难。在外汇制度方面尤其如此。政治家们似乎认为，他们可以从货币贬值和货币不稳定中得到一些好处，但

1994 年以前在这方面的记录是悲观的。虽然很难看到好处，但这种想法似乎在很多国家都存在。

讨　论

斯文·阿恩特： 非常感谢您，罗伯特，下面我们集中讨论一下货币稳定这个基本话题。让我们回忆一下罗伯特·A. 蒙代尔在他的"罗宾斯讲座"（第 1 章）中对我们说的话，各国必须知道如何实现货币稳定，特别是对稳定工具的选择。罗伯特·A. 蒙代尔提出的另一个观点是，国家稳定应该由国家来追求，还是通过某种集体努力来实现？

阿诺德·哈伯格： 我想我会提到几个重要的事实。关于墨西哥的救助，在危机发生前不久，特索博诺斯的利率大约为 7％。也就是说，纽约市场并没有预测到墨西哥会发生任何危机。那些购买特索博诺斯的人也不相信他们会面临高风险。在危机发生后，当墨西哥经济陷入动荡时，特索博诺斯的利率上升到了 15％。

我还想讲一个来自阿根廷的轶事，因为这件事对货币局和美元化问题至关重要。阿根廷确实克服了所谓的"龙舌兰酒危机"，"龙舌兰酒危机"是 1994 年 12 月墨西哥危机在阿根廷的一次重演。在"龙舌兰酒危机"当中，阿根廷在不到三个月的时间内损失了一半的净外汇储备。如果阿根廷按照货币局规则运作，它将不得不削减约一半的 M2 货币供应量。阿根廷失去了三分之一的外汇总储备。就货币紧缩而言，这两种情况中的任何一种都类似于美国的大萧条。为了配合货币紧缩，阿根廷要求私营部门大幅收缩信贷。那么，在阿根廷发生了什么？阿根廷通过违反货币局的两个关键特征才得以幸免于难。

在实施这些干预措施之前的一段时间，阿根廷四大银行的负责人会见了当时的财政部长多明戈·卡瓦洛（Domingo Cavallo）和央行行长罗克·费尔南德斯（Roque Fernandez），他们说："看吧，如果任由事情这样发展下去，我们将撑不过两周。所以，你们不仅要行动起来，还要以难以置信的速度行动起来，这样银行才能生存。"那么，他们做了些什么呢？卡瓦洛改变了商业银行的准备金要求，在货币基础减少的情况下，阿根廷仍可以将货币供应量保持在原来的90％以上。因此，在基础货币大幅削减的情况下，货币供应量几乎没有下降。

第二件事是我一直提到的一条圆滑条款，卡瓦洛在最初的货币局法中规定了这个条款。该条款要求所谓"绿色美元"（solid green dollars）中的一部分可以是以美元计价的阿根廷政府债券，用来支持阿根廷的高能货币，但绿色美元并不是真正的美元。在这次危机中，阿根廷最大限度地利用了这一条款。事实上，阿根廷还扩大了这一条款，它使用这项条款超过了原来法律规定的最高限额。我认为，这两项行为严重违反了货币局原则，但对阿根廷度过"龙舌兰酒危机"却至关重要。随着讨论的进行，把这些事实摆到桌面上很重要。

罗伯特·A. 蒙代尔： 阿诺德·哈伯格用了很大篇幅讨论阿根廷修改货币局规则。阿根廷外汇储备的变化大大超过了墨西哥外汇储备的损失。救助墨西哥所需的资金与国际货币基金组织维持阿根廷稳定所需资金之间的比例是多少？

阿诺德·哈伯格： 国际货币基金组织对阿根廷的干预力度并不重要，对阿根廷来说，重要的是其内部货币机制的变化。我相信，如果墨西哥没有得到救助，阿根廷的危机可能会更加严重。在这种情况下，虽然我并不真的相信应该救助美国投资者、美国银行或任何其他人，但我确实相信，如果你有两个朋友都经营裁缝店，并且他们各自的财务状况都很糟糕，如果其中一个人因为获得了贷款而没有破产，这对另一个人也将产生影响。

我认为我们不应该对此事妄加评判。墨西哥完全有权利申请贷款，并偿还贷款。既然墨西哥确实偿还了贷款，人们就不应该事后抱怨这么多。这就是我对墨西哥救助计划的粗浅看法。当人们担心墨西哥的救助计划时，他们似乎从来没有以自己的方式和为了自己的利益而担心它。他们认为，这种救助计划向其他国家发出了一种信号，表明它们可以做不负责任的事情，并期望得到国际援助。就我个人而言，我对救助计划持怀疑态度，因为我对个别案例了解不够。我去过印度尼西亚好几次，那里的情况很复杂。我认为，如果墨西哥和阿根廷没有得到救助，印度尼西亚也将无法避免经济问题。

罗伯特·A.蒙代尔： 最重要的是，根据您的分析，由于墨西哥危机比阿根廷危机造成的冲击小，对墨西哥的救助大约是 500 亿美元，但对阿根廷的救助则是国际货币基金组织提供的 20 亿~30 亿美元备用贷款，这个救助规模非常小。我的观点是，阿根廷的机制让它能够比墨西哥更有效地度过危机。

阿诺德·哈伯格表示，阿根廷能够度过危机的原因之一是它暂时放松了货币局的一些要求。但是，阿根廷仍然保留了一个调整机制，这个事实对阿根廷有能力以远低于墨西哥所需的救助规模来应对危机至关重要。更重要的是，尽管我们没有讨论亚洲，但最近发生在印度尼西亚和东亚国家的危机也表明，当一个国家拥有国际收支平衡机制，而且人们了解这个机制时，那么与没有这种机制相比，国际社会处理危机的成本要低得多，对这个国家来说也要好得多。墨西哥危机和阿根廷危机之间最大的区别在于，阿根廷有一个人人皆知的调整机制。当然，这需要阿根廷暂时放松货币局规则，但由于人们了解这种调整机制，所以其纠正成本也要低得多。

福斯托·阿尔扎蒂： 我认为，我们这里的措辞存在一个复杂的问题。当你谈论救助墨西哥时，事实上被救助的不是墨西哥，而是一个不一定有利于墨西哥人民的政权。救助墨西哥的成本不仅仅是 500 亿美元。除此之外，还必须加上 900 亿美元的政府新债务以及对墨西哥银行体系的救助，这对未来三四代墨西哥人来说都是一种负担。我们必须偿还这些债务，但结果是我们甚至还没有一个稳定的金融体系。

罗伯特·巴特利提出的道德风险是一个非常重要的问题。如果国际金融机构和行为规则专注于短期的救助，并鼓励不负责任的财政行为，那么世界经济就不太可能稳定。救助应当允许推迟结构性改革，救助对银行家来说是件好事，但最终还是要由人民来买单。墨西哥经济增长不足，当有人说墨西哥经济表现良好时，我真的很惊讶。那么，从谁的角度来看墨西哥经济表现良好？对那些从政府政策中受益的人来说，经济发展固然很好。但对于数百万找不到高薪工作的墨西哥人来说，经济状况并不那么好。因为在过去二十年里，墨西哥经济增长率一直无法与其劳动力增长相匹配。事实上，在过去一百年里，墨西哥的经济增长很少能与劳动力增长保持同步。从一个低增长、低就业的经济体转向高增长的经济体需要深刻的结构性改革。反过来看，结构性改革需要国际经济中有强有力的规则，以防止各国政府推行不负责任的财政政策和通货膨胀的货币政策。拯救政治家们不是解决问题的办法。

罗伯特·巴特利：阿根廷对危机的反应与1994—1995年墨西哥对危机的反应之间最大的区别是阿根廷保持了汇率稳定。在我看来，唯一值得关注的是以美元计价的国民生产总值（GNP）和工资水平等。阿根廷在没有削减工资的情况下度过了危机。事实上，阿根廷让其商业阶层通过发行阿诺德·哈伯格提到的债券来拯救自己。这是一个相当明智的行动。就墨西哥而言，货币贬值总是这样，其直接影响是按世界购买力计算，墨西哥的工资水平下降了一半。货币贬值对墨西哥来讲不是一种优势，但对出口行业来说却是一种优势，因为每隔几年货币贬值都会降低国内工资。虽然货币贬值降低了墨西哥向世界市场出口的成本，提供了一种短暂的优势，但最终通货膨胀会平衡价格，然后这种优势便会消失殆尽，墨西哥将不得不再次让货币贬值，以便再次削减工资。如果可能的话，一个国家最好是捍卫汇率而不是让货币贬值。即便按名义利率来看，阿根廷的利率涨幅也远远低于墨西哥。而在国内，阿根廷经济的衰退程度也要轻得多。所以，在我看来，阿根廷对危机的应对要比墨西哥好得多。

罗伯特·所罗门：在我看来，罗伯特·A.蒙代尔和罗伯特·巴特利忽略了一个事实，那就是墨西哥存在严重的国内危机、国际收支平衡和货币高估等问题。墨西哥必须解决这些问题，而阿根廷只是受到了"龙舌兰酒危机"的影响。这是一个巨大的差异。

罗伯特·巴特利：每个人都告诉我，阿根廷比索多年来一直被严重高估，港币也是如此。

罗伯托·萨利纳斯-利昂：罗伯特·巴特利最后的评论是，1995—1996 年，至少从墨西哥政府的某些部门来看，调整汇率的理由是要增强对外部门的竞争力。尽管在 1996—1997 年间适得其反，但我们仍要肯定这一战略曾一度发挥了有益的作用，因为经济恢复加快。这在很大程度上要归功于因北美自由贸易协定而进行的结构性改革，包括贸易自由化和埃内斯托·塞迪略（Ernesto Zedillo）政府为刺激经济所做出的努力。随后是一段时期的资本流入导致比索升值。这与经过调整后 1999 年墨西哥的情况非常相似，但最令人担忧的是汇率问题，争论的焦点是比索升值幅度是否太大。问题不在于如何避免令人痛苦的货币贬值，货币贬值的历史集中在汇率升值导致对外部门竞争力的丧失。

新兴市场的专家们似乎已经形成一种共识，那就是当讨论货币和汇率制度时，不能同时将三件事结合在一起：独立的货币政策、资本流动性（不受资本管制的自由）和钉住汇率。这三者同时结合将产生危险的货币化学反应。我们一直听说，由于全球范围内的资本流动性较高，我们只有两种选择：要么走向真正的固定汇率（美元化、货币局或货币联盟），要么走向一些专家所谓的浮动钉住或完全浮动汇率。新兴市场专家们面临的问题是，无论是在拉丁美洲国家还是其他新兴市场国家，这种两极分化是否反映了我们看待汇率制度的方式发生了变化？更重要的是，实行浮动汇率制度和完全固定汇率制度的要求又是什么？阿诺德·哈伯格提到，各国应该都愿意在必要时违反货币局的要求。

杰弗里·弗兰克尔：我刚刚写下了 10 个主要新兴市场经济体名单，它们都按照 1997 年初汇率制度的顺序排列。也许，这个排序有些主观，但名单上的经济体都是按从最严格的货币局承诺到最自由和最灵活的汇率制度承诺排列的，包括中国香港、阿根廷、巴西、中国台湾、泰国、俄罗斯、印度尼西亚、韩国、新加坡和墨西哥。可能会有一些争议，但想想这些经济体在亚洲危机中的表现如何，或许会给我们一些启示。最引人注目的是没有一种简单的汇率模式。但这并不是说，严格固定汇率比其他汇率制度更好，中国香港和阿根廷都经历了严重的经济衰退。也不能笼统地说，浮动汇率比其他汇率制度更好。甚至不能说，介于角落之间的中间汇率制度比其他汇率制度更好。这是一种新的传统智慧，认为必须选择一个角落（固定汇率或浮动汇率）。但这不是说，基本面好的经济体做得更好，阿根廷的基本面比巴西好，中国香港的基本面比其亚洲邻国要好。这也不是说，有国际货币基金组织项目的经济体做得更好或更差。

有一种观点似乎是成立的，在危机期间，一种维持了很长时间的中间汇率制度，即对某种汇率目标的承诺，在外汇储备耗尽后会被放弃，这种制度的效果非常糟糕。我认为，角落假说（corners hypothesis）具有一定的道理。但是，认为所有国家都应该一直处于固定汇率或自由浮动汇率的角落则是错误的。我认为，当一国面临压力时，当危机出现时，它确实可以在货币局或美元化的真正坚定的制度承诺与尽早退出之间做出选择，这是对的。这也是一种退出战略。

罗伯特·A. 蒙代尔：我一直在说，问题不在于固定汇率或浮动汇率，也不在于固定价格水平与灵活价格水平或固定货币供应与灵活货币供应，而是一个国家如何实现货币稳定。要做到这一点，本国货币必须有一个稳定的锚，这个锚可以是货币供应量，可以是价格水平，也可以是汇率——这是三种选择——或者是三种选择的加权平均数，并以某种方式保持这些组合的灵活性。新加坡、中国香港、阿根廷、中国、中国台湾和日本等经历了亚洲危机的经济体都具有两个共同的特征：货币政策目标和庞大的外汇储备。新加坡钉住货币篮子，中国香港通过货币局制度实行固定汇率，阿根廷实行货币局制度，中国台湾和日本同样钉住货币篮子。这些经济体在没有剧烈的通货膨胀或汇率不稳定的情况下生存了下来，因为它们都有货币政策的目标和调整的工具，并拥有大量的外汇储备和相对较低的债务比率，这意味着它们能够保持自己政策的独立性，而不必被迫加入国际货币基金组织的改革。

对于大多数小国来说，如果它们靠近一个稳定的大国，我相信通过固定汇率来实现价格稳定要容易得多。欧元和美元显然是货币锚的候选者，这是最好的操作方式。之所以这种选择更好，是因为不需要太多太复杂的货币专业知识。正如有人说的，猴子都可以运行货币局体系，并不需要斯坦福大学、耶鲁大学或哈佛大学的博士学位！我们所要做的就是有一种自动规则，然后这些小国就可以获得它们所固定国家的货币政策和通货膨胀率。例如，巴拿马的通货膨胀率与美国基本相同（自1904 年以来巴拿马一直使用美元作为其纸币）。一般来说，一个小国将其货币固定在一个较大的锚定货币区，将会得到所锚定货币区的通货膨胀率。只要它们对该锚定货币区体系有绝对的承诺，就几乎不需要或根本不需要货币专业知识或自由裁量的判断。

我认为，阿诺德·哈伯格没有充分考虑罗伯特·巴特利提出的一个问题，那就是阿根廷的试验并不完美，不是因为阿根廷拥有货币局制度，而是因为它不得不放松货币局制度的一些要求，在一定程度上逃避了纪律约束。尽管如此，阿根廷需要的救助资金最多不到墨西哥和亚洲国家所需资金的 10％，这个事实必须成为我们支持阿根廷应对危机做法的有力论据。此外，阿根廷不仅只借入了墨西哥所借资金的一部分，而且在这个过程中还保持了货币稳定，而墨西哥则无法恢复通货膨胀率。在 1995 年危机之前，这两个国家的通货膨胀率都很低。但到了1995 年，阿根廷的通货膨胀率为 3.4％，而墨西哥的通货膨胀率为35％。1996 年，阿根廷的通货膨胀率是 0.2％，墨西哥的通货膨胀率是34.4％；等等。因此，尽管墨西哥动用了数百亿美元，但它放弃了货币稳定，至今经济仍未得到恢复。相比之下，阿根廷借贷很少并保持了货币稳定。

阿诺德·哈伯格：债务危机有一个有趣的特点，我在"兰德尔·欣肖纪念讲座"（第 6 章）中将讨论这些问题。但总体而言，20 世纪 80年代的拉丁美洲债务危机，让这些国家用了十多年时间才恢复到 1980年或 1981 年的实际 GDP 水平，这是一个巨大的损失。1994—1995 年的墨西哥经济危机呈现"V"型形态，经济再次反弹。在这类危机的历史上，经济如此迅速的反弹是绝无仅有的，这对墨西哥来说是一大利好。那么，现在阿根廷的情况如何呢？自20世纪80年代以来，阿根廷的失业率从未低于12%。在"龙舌兰酒危机"之后，阿根廷的失业率上升到18%，之后又下降到12%。现在，随着俄罗斯危机和巴西危机相继发生，阿根廷的失业率又上升到了16%。目前，阿根廷经济正试图通过国内通货紧缩手段来降低实际工资。货币贬值是快速降低实际工资和促使经济重新具备竞争力的方法，这正是在墨西哥发生过的事情。

在我的分析中，我尝试思考经济的可衡量成本。可衡量成本是我们评估危机对生活水平影响的最佳方式。我赞成阿根廷实行固定汇率。你知道为什么吗？因为如果阿根廷货币小幅贬值，大多数阿根廷经济学家都认为，阿根廷的危机历史表明人们几乎会完全避免持有阿根廷比索。由于这个原因，阿根廷人无法承受货币贬值。阿根廷几乎是尖端国家中唯一存在这种国内紧张局势的国家，就像一个经历过好几次神经崩溃的人一样，他们必须保持完全的冷静，因为再来一次小小的冲击就会导致另一次崩溃。如果汇率平价发生变化，人们就会感受到这种崩溃。这就是每个人都赞成阿根廷要保持汇率平价的原因。

如果阿根廷经历智利那样的历史，它还会继续保持汇率平价吗？我不这么认为。在这种情况下，阿根廷货币可能早就贬值了。如果阿根廷能让其货币贬值，就能避免目前的大部分失业，阿根廷的经济情况就会好得多。

克里斯托弗·约翰逊：我想把这个观点稍微概括一下，并附上一个建议。我认为，来自阿根廷的卡瓦洛先生的建议是，一些拉丁美洲国家应该将其货币美元化，它们应当成为美国货币联盟的一部分。美国财政部长拉里·萨默斯听到这个想法后肯定会大吃一惊，他会给这种想法大泼冷水，原因大家都能理解。例如，这意味着美国实际上可以在没有任何政治控制的情况下扩大这些国家的货币供应。此外，这些国家会发现，它们在华盛顿没有发言权，即使它们在美联储的货币联盟委员会中有代表，在任何一套标准下，美联储都可以获得压倒性的多数选票。因此，从这两方面看，美元化似乎不是一个能够付诸实践的想法，但显然是解决棘手问题的一种方式，就像巴拿马一样。我想知道美联储是如何看待拉丁美洲的美元化问题的，美元化是现在还是未来的有力竞争者？

埃布尔·贝尔特伦·德尔里奥： 我认为，我们应该区分稳定（货币稳定、价格稳定和汇率稳定）的可取性和实现这一目标的执行情况及速度。我认为，只有加速计划（有时被称为"突然戒毒法"）或分步计划两种方法可以做到这一点。除了经济方面的考虑，我们还应该考虑政治和社会制度方面的现实情况。其中，如果我们快速解决一些稳定性问题，可能会造成严重的经济混乱。但是，如果我们在六个月内解决，就会减少对经济的破坏。我有一种感觉，在某些情况下，特别是在受援国的政治和社会制度十分脆弱的情况下，它们必须小步实施稳定计划。

迈克尔·康诺利： 阿诺德·哈伯格指出，在"龙舌兰酒危机"之后，阿根廷降低了存款储备金要求，并将博美斯（Bomex，以美元计价的债券）作为货币局规则的例外。但阿根廷在 1991 年的可兑换法中还保留了一项措施，那就是央行约束自身，不能向私人银行提供信贷。这是一项反救助条款。换句话说，在货币局制度下，央行不能发挥最后贷款人的作用。事实上，阿根廷央行在那次危机中并没有这样做。相反，正如罗伯特·A. 蒙代尔提到的那样，阿根廷央行为遭受流动性危机的阿根廷商业银行安排了一笔 120 亿美元的私人信贷额度。这一信贷额度设立之后，就再也没有被动用过，但它却支撑了阿根廷的商业银行体系，因为大家都知道有一笔外汇储备，而且可以动用。在"龙舌兰酒危机"期间，保留对阿根廷央行的这种限制至关重要。

如果我没有记错的话，当外汇储备下降 50％ 左右时，高能货币将下降约 33％，M1 也将收缩 16％。阿根廷央行遵循货币局的游戏规则，它没有充分放松存款准备金要求以避免货币供应下降，这与在墨西哥危机中的完全冲销式干预形成了鲜明对比。如果阿根廷充分降低存款准备金率，或者参与公开市场操作和寻求救助，它本来可以防止货币供应下降，但这是货币局制度不允许的。总的来说，阿根廷遵守了货币局制度的相关规则，并利用这些会计变动来消除冲击的影响。

罗伯特·巴特利： 我想和罗伯特·A. 蒙代尔就一个小问题但我认为是非常重要的问题展开讨论，那就是零通货膨胀率或者与美国保持一样的通货膨胀率是否适合发展中国家和地区。这个问题在十年前就引起了我的极大关注，因为我发现中国香港的通货膨胀率大约是美国通货膨胀率的两倍，尽管港币与美元挂钩，但港币在这一时期实际上已经有所升值。这表明，即使在货币稳定的情况下，一个国家或地区也可能会出现一些额外的通货膨胀。我邀请约翰·格林伍德（John Greenwood）写一篇有关这个问题的文章。他写了，并提醒我中国香港不允许移民，这意味着中国香港拥有固定的劳动力资源，并且是中国的主要金融中心。因此，中国香港的工资率被套用到了其他国际金融中心的工资率上，这提高了中国香港以消费价格指数衡量的通货膨胀率。这种情况反映了该地区的人民正在变得富有。如果一个国家或地区的通货膨胀率从来没有超过美国，这几乎可以肯定该国或该地区公民的生活水平并没有追赶上美国。在墨西哥，15%的通货膨胀率可能太高了，但墨西哥人并没有快速变富。但从另一个角度来看，我认为，墨西哥在 1993 年可能犯了一个错误，把通货膨胀率压得太低了。

罗伯托·萨利纳斯-利昂： 我认为，考虑一下正在采取浮动汇率目标的拉丁美洲国家，如巴西和墨西哥，以及那些坚持固定汇率的国家，这是很有用的。目前阿根廷政权的任何更迭都将是灾难性的。同样，想出一个成功退出货币局的策略也是巨大的挑战。如墨西哥和巴西等国，实现浮动汇率的目标计划是否应该包括在一定时期内实现一定通货膨胀率的规则？如果不是每年计算一次，也许可以按 3～5 年的时间计算一次？我们在墨西哥已经看到了这个信号，而巴西则采取更为积极的行动转向一个特定的目标。我认为，就本次讨论的目的而言，探讨一种成功的浮动汇率制度要求是很有意思的。赫伯特·格鲁贝尔提出了一个有趣的想法，如果我们把灵活性作为一个减震器，这可能会阻碍经济进行结构性调整，而结构性调整是实现墨西哥等国迫切需要的高产出增长率所必需的。

长期以来，我一直质疑浮动汇率制度是否与积累外汇储备的激进政策一致，以及干预措施是否不是为了维持汇率而是为了获得外汇储备。一个有趣的思考是最近墨西哥总统埃内斯托·塞迪略提出了一项结构性改革，将汇率政策的全部控制权移交给墨西哥银行。我记得大约一年半前我与罗伯特·巴特利有过一次交谈，他指出这只是浮动汇率机制下的一种表面变化，因为根据定义，汇率是货币政策的一种功能。然而，我一直认为，这是一个非常重要的举措，因为这项结构性改革超越了现行机制，并试图融合心理学。汇率自主的信息是一个信号，表明墨西哥正在将汇率政策从政治考虑中分离出来。对墨西哥来说，这似乎是成功的浮动汇率制度的要求之一。我想以此为例，来说明在我们考虑货币稳定时可能产生的一个附带问题。

罗伯特·A. 蒙代尔：我有三点评述。第一，关于阿诺德·哈伯格对阿根廷案例的看法。阿根廷失业率一直在上升，而且相当高，一度高达 18%，但目前接近 15%。这当然是个问题。但是，如果认为可以通过改变汇率或货币政策来解决失业问题，那就错了。通货膨胀不一定会影响失业。我不是说不存在这种情况，只是说这种影响并不总是那么清晰。今天上午，阿诺德说到，自 1994 年以来，阿根廷的实际汇率一直被高估。他可能是对的，但我需要一些证据。实际汇率被高估会存在一种迹象，那就是出口市场将会完全陷入停滞。1992—1998 年，阿根廷的出口翻了一番，经济繁荣的美国在同期出口最多增长了 40%。在我看来，阿根廷的实际汇率并没有被高估。按照阿诺德的标准，即使阿根廷汇率被高估了，也不意味着贬值就是一种解决办法。事实上，他本人也指出，货币贬值或改变钉住汇率制度，对阿根廷来说都将是灾难性的。

阿根廷面临的问题是什么？第一个明显的问题是，八十多年来，阿根廷在经济上一直管理不善。在那段时期的大部分时间里，阿根廷在政治上也相当混乱。请记住，1914 年，阿根廷的人均收入与加拿大相当。但由于在经济和政治上管理不善，阿根廷沦为一个比葡萄牙和希腊还要贫穷的国家，人均收入只有 8 000 美元左右。这个以欧裔人口为主的国家，人均收入水平却只有欧洲国家的三分之一。阿根廷存在的另一个特殊问题是它的税收制度，阿根廷的所得税高达 30%，并额外征收 30% 的社会保障税，这相当于欧洲国家的税收水平。一些欧洲国家的劳动力边际税率高达 90%，因此它们的失业率很高，有些欧洲国家的失业率甚至超过 12%。阿根廷也存在这个问题，因为阿根廷引进了欧洲式的社会民主和税收制度，但其人均收入水平却只有欧洲国家的三分之一。因此，税收制度对阿根廷经济产生了重大影响。此外，阿根廷还征收巨额财产税，以迎合选民中的左翼情绪。他们似乎认为，如果对资本征收 90% 的税，就可以从富人那里得到更多的钱。但事实并非如此。富人们可以居住在河对岸的乌拉圭首都蒙得维的亚市，那里没有所得税或财产税，然后从那里向阿根廷投资。阿根廷需要一场全面的供给侧税收改革，包括对监管体系的改革。我认为，导致阿根廷问题的部分原因是周期性的，还有部分原因可能是 20 世纪 90 年代以来的经济稳定所造成的过度扩张。另一个影响因素可能是被高估的实际汇率。但是，阿根廷的问题有很大一部分来自该国糟糕的税收和监管体系。这是一个政治问题，不容易解决。

第二，罗伯特·巴特利提到了中国香港的通货膨胀问题。对于试图了解货币稳定和经济增长之间关系的经济学家来说，中国香港的汇率问题非常有意思。1983 年，香港在约翰·格林伍德的指导下将港币与美元挂钩。从那时起，汇率一直保持不变。近几年来，中国香港的平均通货膨胀率比美国高出了几个百分点，因此，对研究这些问题的人来说，很容易得出中国香港的实际汇率被高估的结论。然而，这种推断只是一知半解。从长远来看，我们必须考虑影响实际汇率的其他因素。比较一下 1993 年的日本和香港，你会发现这两个相差 20 倍的非同凡响的经济体之间有着惊人的相似之处。这两个经济体的货币都经历了实际升值，而且货币升值的原因也是相同的，都是贸易品（进出口）行业生产率的快速增长。正如经济学理论告诉我们的那样，重新建立均衡需要汇率升值。以日本为例，在浮动汇率和紧缩货币政策的背景下，实际升值表现为日元的名义升值。当时日本天皇皇宫的土地估算价值比加拿大所有土地的价值还要高，日本所有土地的价值要高于美国所有土地的价值。

中国香港也出现了类似的现象。在 20 世纪 80 年代，中国香港成为一个转口经济体，并成为中国大陆和中国台湾之间的贸易中介，以及外国投资中国的中转站和投资总部，所有这一切都意味着贸易品行业生产率的不断提高及实际升值的需要。在名义汇率固定的情况下，只有价格水平上升和通货膨胀率提高，才能实现实际升值。中国香港的通货膨胀率比美国高，这是其实现汇率均衡的唯一手段。

然而，如果从中国香港的经验得出结论，认为发展中经济体的通货膨胀率应该比美国高，甚至是正的通货膨胀率，那是错误的。如果生产率增长集中在国内商品行业，那么实行固定汇率的国家或地区的通货膨胀率必须低于美国，才能实现它们所需要的实际贬值。同样，美国的生产率增长也不应被忽视。近年来，美国生产率不断增长，由于与"新经济"相关，并集中在贸易品部门，所以实际美元汇率可能不得不对这些行业中生产率增长较慢的国家升值，从而对这些国家造成通货紧缩。

我的第三点评论是针对罗伯托·萨利纳斯-利昂的评论。他认为，货币政策应该剔除政治考虑。我对此表示极大的赞赏。这是我在欧洲大力支持欧元的主要原因之一；欧元促使货币政策完全脱离了意大利银行、西班牙银行和希腊银行以及其他出于政治原因而操纵货币政策的记录不佳的中央银行的控制。在拉丁美洲也发生过同样的政治操纵行为。避免这种情况发生的唯一方法是建立某种类型的自动系统，唯一独立于政治考虑的政策应该是货币局或货币联盟。经验表明，通货膨胀目标制和货币目标制都是一种"软"承诺，很容易随着政治风向而改变。因此，我完全赞同罗伯托关于将货币政策从政治中剥离出来的呼吁。

罗伯特·所罗门：罗伯特·A. 蒙代尔认为，中央银行只能通过某种自动机制来维持货币稳定。然而，美联储在没有政治干预和一些自动机制的情况下也维持了美国价格稳定。德国央行在德国采取了同样的做法，近年来法国银行也是如此。货币稳定不需要一个自动机制。

罗伯特·A. 蒙代尔：我认为，您只是根据非常短暂的历史做出这样的判断。要说美联储维持了价格稳定，这与美国货币政策史不符。自 1913 年美联储成立以来，美国价格水平上升了 1 500％以上。自 1969 年以来，该指数又上升了 400％以上。从美国货币稳定的角度来看，20 世纪 70 年代是灾难性的十年。直到 20 世纪 80 年代，美联储才成功地承诺维持价格稳定，部分原因是模仿了德国央行的做法。

朱迪·谢尔顿： 罗伯托·萨利纳斯-利昂提出了一个有趣的问题，在为一个国家选择合适的汇率制度时，是否会发生制度性变革？我想让大家回到罗伯特·鲁宾（Robert Rubin）作为美国财政部长的最后一次演讲，他在演讲中概述了他改变全球金融架构的方法。在那次演讲中，他认为汇率制度在全球金融稳定中发挥了关键性作用。他提出了两个值得注意的观点。首先是一个警告。他表示，那些试图捍卫不可持续的固定汇率的国家不应该寻求救助资金来增加其外汇储备。最近的证据也表明，这是一场失败的游戏。我想大多数人都会同意这个观点。

鲁宾部长还说了一些让我感到不安的话。他说，每个国家都应该决定哪种货币政策最符合自己的利益，无论是浮动汇率、固定汇率还是某种形式的货币联盟。这种"做你自己的事"的方式，回避了美国在发展协调一致的国际货币体系中的领导责任。自由竞争不是一种制度。拉里·萨默斯在去年四月的美元化证词中也遵循同样的主题。他认为，任何国家在考虑美元化之前，都应该考虑它们所要牺牲的东西——独立的货币政策。他进一步提出，独立的货币政策对一个经济体来说是非常有用的，一个国家不应该放弃独立的货币政策。但事实上，独立的货币政策能为一个国家带来什么呢？当然不是降低利率。实行浮动汇率的国家通常不得不支付更高的利率，特别是在全球金融形势紧张的情况下，因为这些国家必须向外国投资者保证，如果本币贬值，他们不会蒙受损失。一个根本性的问题是，一个国家选择一种制度，如阿根廷选择货币局制度，而阿根廷最重要的邻国和主要贸易伙伴（巴西）却实行浮动汇率制度。在全球经济中，一种汇率制度不可能孤立地存在，其目标是要促进各经济体的融合，以获取比较优势。我认为，我们需要制定一种方法，让全球经济中的所有国家都能遵守相同的规则。我认为，各国孤立地去做它们认为有意义的事并不是一种自由。

福斯托·阿尔扎蒂：我想跟进朱迪·谢尔顿的评论。1895 年，阿根廷的人均 GDP 是美国的 75％，1994 年下降到不足美国的 30％。同期，墨西哥的人均 GDP 从占美国的 20％下降到不足 7％。相反，日本的人均 GDP 在同一时期从占美国的 19％上升到近 100％。因此，我们需要吸取教训。

不过，我想说的是埃布尔·贝尔特伦·德尔里奥关于逐步实现汇率自由化或突然停止并立即实现汇率稳定的观点。我在墨西哥有过这样的经验，循序渐进的方法是行不通的，这就像戒烟一样，你要么突然戒烟，要么根本就不戒烟。渐进主义的支持者表明他们不想改变，因为当一个国家逐渐趋于稳定时，不可避免地会发生一些事情来打断这个过程，然后就又回到一个不稳定的环境中。拉丁美洲国家特别是墨西哥在稳定政策方面很有经验。在墨西哥，至少从 1976 年开始，我们就一直试图在国际货币基金组织的建议下实现稳定，但我们至今仍未做到。因此，我们应该少一些维持现状，多一些稳定变化。我建议可以吸取新西兰的教训，立刻行动起来，把事情做好，停止固定不变，保持稳定变化。否则就会出现阿根廷现在发生的情况。阿根廷未能实现美元化，现在民粹主义候选人可能会赢得总统选举，他也许会放弃货币局。如果这种情况真的发生，可能需要再过四十年才能让另一个梅内姆当选总统，让另一个卡瓦洛担任财政部长，然后再次进行这种试验。

杰弗里·弗兰克尔：我对美元化问题有一些评论。我同意朱迪·谢尔顿的一些观点，但在某些方面我又不同意她的观点。事实证明，拥有自己的货币在理论上的好处，即能够执行独立的货币政策，已被证明对许多（或许是大多数）新兴市场国家并没有太大的用处。另外，对于已经实行美元化的那些国家来说，理由应该是它们的利率是由美国决定的，所以追求独立的货币政策可能不适合它们的国情。但大多数拉丁美洲国家的情况比这更加糟糕。当世界上出现一场传染性危机时，它们的利率就会飙升。实际上，我做过一个正式的测试，当美联储提高利率

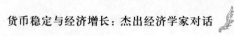

时，实行货币局的国家和地区的利率会接连上升，例如中国香港和阿根廷。而巴拿马的利率涨幅要小于实行货币局的国家和地区。但在与美元联系较弱的其他拉丁美洲国家，其利率上升幅度要大得多。事实上，当美联储将联邦基金利率提高 1 个基点（0.01%）时，阿根廷的利率往往会上升 1 个基点，但墨西哥和巴西的利率平均会上升几个基点。因此，这表明美元化不会带来什么损失，随着利率的降低和波动幅度的减少，美元化还可能会带来可观的收益。

还有几点需要说明，我们生活在一个每个国家都可以选择自己货币制度的世界里，我不同意美国应该成为世界货币体系规划者的建议，这些事情都是在国家层面上决定的。如果巴西还没有准备好与美元进一步挂钩，我认为巴西还没有准备好，这是阿根廷和其他国家必须接受的事实。

各国在什么条件下实行美元化，取决于它们的具体情况，同样的汇率制度并不适合所有国家。我们已经讨论了一些来自最优货币区文献的传统标准，如一个小型开放经济体，具有足够的劳动力流动性，这与美元化有关。两个月前，我在巴拿马参加了由美洲开发银行主办的会议，根据与美国经济一体化和劳动力流动性等标准，有几个中美洲国家是美元化的良好候选国。在中美洲国家中，萨尔瓦多似乎是美元化的主要候选国。一周前，我在英国《金融时报》（*Financial Times*）上看到一篇文章，称美元现在与当地货币一起成为萨尔瓦多的法定货币。除了与贸易和增长有很大关系的传统最优货币区标准外，我们已经认识到，在资本高度流动、投资者持高度怀疑态度的世界中，我们需要新的标准。这些标准与政策的可信度有关，其他标准则与外汇储备水平等初始条件有关。一个国家如果没有足够的外汇储备，就不能建立货币局或实行美元化。

当一个经济体已经高度美元化时，就像阿根廷那样，货币贬值是没有意义的，它们还不如继续走全面美元化的道路。我确实认为，法治对这些国家很重要，货币局是一种将本币与美元挂钩的政策。这种钉住汇率制度不仅仅是一个政策问题，它被写入了法律，而且它还表示有充足的货币支持来维持钉住汇率制度，这将使国际收支平衡的货币方法发挥作用。但是，在一个国家，如果国家元首可以随时修改法律，或者不太尊重法律，那么把第一条标准即钉住汇率写入法律并没有多大的价值，这使我想到了苏哈托（Suharto）的印度尼西亚。

顺便说一句，罗伯特·A. 蒙代尔昨晚说，当比尔·克林顿（Bill Clinton）、德国总理赫尔穆特·科尔（Helmut Kohl）和其他人向苏哈托施加压力，要求苏哈托不要设立货币局时，蒙代尔甚至不能确定这些领导人是否了解货币局是什么。但事实上，我曾以阿根廷为背景向克林顿总统解释过货币局制度，我说货币局制度在阿根廷似乎运行良好。但是，我们认为，由于印度尼西亚缺乏法治环境，并且正在寻找一个快速解决方案，所以它不太合适实施货币局制度。事实上，建立货币局需要遵守货币和财政纪律，印度尼西亚似乎不具备这些条件。货币局充其量可以成为印度尼西亚精英们将更多资金带出国门的一种方式。印度尼西亚政府的观点是，它不愿意放弃其货币主权，认为货币就像国旗一样。但是，拉丁美洲国家越来越多地指望以美元来维持货币稳定。为什么各国如此迫切地需要引入货币稳定？在通常的情况下，要么是由于过去的恶性通货膨胀历史（如阿根廷），要么是由于缺乏可信的、稳定的制度，要么是因为谨慎的投资者具有异常高的风险敞口，他们需要极端的保证措施。

爱德华多·索霍：在福斯托提到渐进主义的危险之后，我只想做一个简短的评论。渐进主义的另一种选择是立即进行所有的改革。墨西哥没有这样做，它开放了贸易部门，却忘记进行财政改革，也没有对劳动力市场、金融、公共或教育等部门进行改革。这可以解释阿根廷、智利与墨西哥之间的一些差异。墨西哥在这些结构性改革方面落后于其他国家。除非进行结构性改革，否则在墨西哥实行任何汇率制度都是不可持续的，因为墨西哥没有增长的稳定是不可持续的。因此，无论实施什么汇率制度，都必须进行结构性改革。

听众提问（克莱蒙特研究生大学政治学教授奥尔多·弗洛里斯，Aldo Flores）。作为一名政治学家，我想指出，当蒙代尔教授说猴子可以管理货币局时，我们应该记住，让猴子来管理货币局是一种政治行为。我们应该对政策决定的政治过程进行分析，以确定哪种货币制度是可行的。例如，阿根廷不仅有货币局，还有梅内姆总统。他对货币局的可持续性给予了信任。法国总统密特朗（Mitterrand）使法国社会党人更接近这种思维方式，西班牙签署了一项协议来巩固民主。所以，我认为，我们需要考虑这些经济提案的政治先决条件。

阿曼多·巴基耶罗： 关于墨西哥我还想说几句话。如果我们要进行比较，最好根据相同的数字进行比较。有人提到，墨西哥的救助行动花费了 500 亿美元。媒体是这么说的，但实际的救助规模要远低于这个数字，而且有很多资源从未被动用过。如果我们要对墨西哥与阿根廷的救助成本进行比较，我们必须考虑阿根廷的所有成本。除了国际货币基金组织提供的资金外，阿根廷还直接从商业银行的信贷额度中获得了资金，其代价是摧毁了阿根廷一半的银行体系。因此，我们要把这些成本放在一起，列出一个清单。

另外，我们必须回顾过去三四年的情况，比较墨西哥和阿根廷的通货膨胀率以及两国的经济增长率。如果剔除前两年阿根廷非常高的经济增长率，再来看看最近三四年阿根廷和墨西哥的经济增长情况，它们的实际增长率大致相同，尽管墨西哥的通货膨胀率比阿根廷要高得多。有人可能会认为，将通货膨胀率降至零，经济增长就会更快。然而，当我们展望未来时，目前阿根廷处于一种更好的状态。如果不考虑石油出口，墨西哥的出口增长要远远大于阿根廷。很难确定，墨西哥的出口增长更多是因为我们实行了浮动汇率，还是因为我们的经济更加开放以及美国的经济繁荣。

第5章 北美自由贸易区的货币政策和货币联盟的可能性

主持人：赫伯特·格鲁贝尔

我将从讨论加拿大开始，但在我的大部分讨论中，用"墨西哥"代替"加拿大"并不会使分析失效。我建议，我们应该建立一个与欧洲相当的北美货币区，具体来说，应从2004年1月1日开始。在那一天，美国货币将被简单地改为"阿梅罗"（amero）。唯一的区别是，美国阿梅罗的一面是白宫或林肯纪念堂，另一面是一个抽象的符号，表示它是一个阿梅罗。在同一天的加拿大，例如，每个人都可以用2个加元兑换1个阿梅罗。加拿大阿梅罗的一面是加拿大的下议院及其他加拿大国家标志，另一面是阿梅罗的标志。同时，银行中的所有账户都将转换为阿梅罗。在美国，这一切都非常简单，成本最低。但在加拿大和墨西哥，主要的变化只是账面记录。

现在，让我说明使用阿梅罗会给加拿大带来的好处。加拿大和美国长期国债利率的历史差异平均为1.17%。两国的实际利率差异略低，约为1%。用最简单的货币理论预测，如果货币相同，利率也应当相同，因为货币风险不存在。货币可能仍然存在流动性风险，或许还存在一些主权风险，就像加利福尼亚州发行的债券利率要略高于美国政府债券一样。然而这与美国的利率有着非常密切的关系。这意味着，在加拿大，一夜之间所有的利率都将下调1%。仅加拿大联邦政府的债务就高达6 000亿美元，这也意味着，在债务期限结束后，联邦政府债务的利息支付可以减少60亿美元。这是一笔可观的节省，可以用来减少税收或实施政府政策。除此之外，省级政府的自身债务以及所有企业债务的还本付息也都将减免1%。当然，这将立即在股票市场中被资本化，而股市会随着资本成本的下降而大幅上涨。从长期来看，这将导致资本存量的深化、生产率的提高以及生活水平的极大提高。这也将消除一些交易成本，其中约有一半到四分之三的交易成本目前给加拿大外汇市场造成了负担。此外，我们也将淘汰所有经济学家包括罗伯特和我的学生，他们正在努力应对外汇风险，他们将不再需要发布有关加元兑美元汇率的预测。实际上，他们可以去做一些更有成效的工作！

德洛尔委员会调查了一些银行和企业，以确定它们对用欧元取代欧洲所有其他货币的态度，欧元得到了它们的强烈支持。请记住，你还不能完全摆脱银行和企业的外汇部门，因为你仍然要与世界其他地方进行外汇交易。但由于加拿大三分之二的国际贸易是与美国进行的，单一货币将显著降低其成本。我提请大家注意这样一个事实：新增长理论表明，较低的交易成本将带来专业化程度的提高，就相当于降低关税。因此，通过成倍节省交易成本可以增加贸易并提高生产率。从长期来看，这是非常重要的。

几乎所有接受过保罗·萨缪尔森主导的战后宏观经济教科书培训的经济学家提出的主要反对意见是有关货币主权的问题。我可以向你们保证，我写过有关这个主题的教科书，我知道这个理论，这个理论本身并没有错，其中的逻辑也是无懈可击的。但硬币的另一面却被忽略了。罗伯特·A. 蒙代尔关于最优货币区的原始文章正是针对硬币另一面的问题。也就是说，拥有国家货币主权和浮动汇率也是有代价的，代价不仅包括各种交易成本，还可能反映出人们对货币缺乏信心。

让我给你们举个例子。当我1972年去加拿大时，我收到了一份可兑换成美元的收入，我与阿尔伯特·里斯（Albert Roes）讨论过这个问题，他是我在芝加哥大学的前同事，当时他是普林斯顿大学的教务长。里斯说，在普林斯顿大学，只有三位教授的薪水最高，他们都在自然科学领域获得过诺贝尔奖。一个月前，我拿到全职教授的薪水并从西蒙菲莎大学退休。如果按美元计算，退休金还不如美国大学刚毕业的经济学博士的薪水。这就是在加拿大发生的事情，虽然我不能将这一切都归咎于汇率制度。但是，让我告诉你们，汇率制度是如何和为什么会发挥作用的，以及为什么说如果没有阿梅罗，下一代加拿大人的境况会变得更糟。

杰弗里·弗兰克尔总结了关于汇率问题的传统智慧。他指出，自然资源的实际价格在过去八年中大幅下跌，但加拿大凭借浮动汇率，可以避免对导致汇率贬值的这一因素进行大幅调整。现在，我们继续观察硬币的另一面，一旦汇率下降，加元相对于美元汇率会继续呈现明显下降的趋势。1972 年，我去加拿大时，1 加元等于 1 美元，但现在 1 加元只值 66 美分。在我看来，这是一种机制：最近世界价格的下跌和加元的贬值导致所有以美元交易的行业（进出口竞争性行业）的利润突然增加。

弗里德里希·哈耶克（Friedrich Hayek，1974 年诺贝尔经济学奖获得者）在 20 世纪 30 年代曾写道，如果工业部门陷入困境，你不能通过货币贬值来解决问题，因为这将导致其他行业失去均衡。这个问题是如何体现出来的？在过去的五六年中，加拿大的实际人均税后收入下降了。平均而言，工资没有增长。你们知道汽车工人工会刚刚与加拿大福特汽车公司谈判了什么？未来三年每年工资增加 5％。加拿大没有通货膨胀，为什么福特公司会做出让步？这是因为福特公司拥有巨额利润。事实上，由于价格是以美元计价的，加元贬值使得福特公司现在能够支付更高的工资，但实际生产率的提高并不能证明工资的提高是合理的。

这样做将导致自然资源价格的上涨以及汇率的上行压力。作为加拿大财政委员会的国会议员，我可以告诉你们，汇率上升将动员压力集团，因为它们的利润正在下降——它们已经放弃的利润。因此，唯一的解决办法是使加元兑美元的汇率保持不变。在我的模型中，这个政治过程可以解释汇率的下行趋势。还需要注意的是，汇率贬值阻碍了为应对世界商品价格长期下降趋势而进行的经济调整。如果汇率没有贬值，经

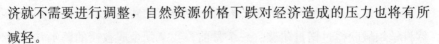

济就不需要进行调整，自然资源价格下跌对经济造成的压力也将有所减轻。

那么，什么是文化主权呢？加拿大在这方面非常强势，我们从关于北美自由贸易协定的辩论中听到了这种声音，有关就业机会流向墨西哥的声音也有一些支持者。当然，这种情况并没有发生。加拿大外交部长劳埃德·阿克斯沃西（Lloyd Axworthy）是普林斯顿大学的政治学博士，但他鄙视美国人，阿梅罗也没能阻止他前往古巴与卡斯特罗一起抽雪茄。加拿大文化部长仍然可以召集西半球所有国家的文化部长，组织一场反对美国的斗争。一种共同的货币也无法阻止这种事情的发生。

使用阿梅罗对美国有什么好处？这是最难回答的问题。美国将不得不允许加拿大和墨西哥的代表在美联储理事会中拥有席位。美国为什么要这样做呢？美联储主席表示，在调整利率时，他不会关注加拿大正在发生的事情。另外，罗伯特·A.蒙代尔昨晚已向你们提到他的研究，如果欧元迅速崛起并扩大成为一种世界储备货币，美元将会发生的变化。关于这一点，我有很多话要说。但是，我要提醒大家，几年前，谁会预料到美国政府会放弃一些国家主权给联合国、联合国教科文组织、国际货币基金组织、世界银行和北美自由贸易协定？我不知道让美国社会接受这一做法的相同条件是否仍然存在，但我不排除这种可能性。研究北美自由贸易协定在加拿大通过的方式时，我们发现巨大的推动力来自一位富有抱负的保守党领袖、菲莎研究所、墨西哥研究所和美国。美国也开展了大规模教育活动，培养对北美自由贸易协定的支持者。

让我来介绍一下北美货币区的替代方案。说到货币局问题，中国香港和阿根廷都在作弊。只要存在一种容易作弊的方法，阿根廷比索就会存在溢价。当然，我们可以从货币协议中退出，但要废除一项国际协议会困难很多。美元化的缺点可能是公众会不满。对民族国家来说，拥有本国货币的象征意义是有一定价值的。我认为，我们可以在这个问题上做出一些妥协，把带有国家象征的标志印在阿梅罗的另一面上。

关于过渡问题，我最后谈几点看法。一个相当复杂的问题是将比索和加元兑换成阿梅罗的汇率，这些问题就是著名的"魔鬼在细节中"，但我认为这是可以解决的，只要有善意，就能解决这些问题。最后，还有政治支持问题。让我告诉你们，在加拿大，当我公开谈论这个问题时，人们的反应是令人惊讶的，从来没有超过一半的人对我说不，而另一半人不明白为什么加拿大在几年前没有这样做。加拿大参议院就此问题举行了听证会，但它无权就这个问题进行立法。尽管如此，人们对这个问题的兴趣越来越浓，我们需要看看北美货币联盟能带来什么。我希望在公众舆论倾向于建立货币联盟的情况下，政治家们最终会满足公众意愿。在我看来，这才是正确的事情。

讨　论

福斯托·阿尔扎蒂：我真诚地认为，赫伯特·格鲁贝尔今天的演讲见地独到。我真希望我们以前听到过这些内容。我喜欢这个想法，就像目前为止我们讨论过的其他问题一样，尽管我可能对这个货币的名字有些异议，我想到了另一个货币名字"纳库"（NACU），也就是北美货币单位。我的第一个评论是，如果墨西哥人选择向他们的孩子们讲授一些美国历史，而在了解了富兰克林、杰斐逊和汉密尔顿的事迹之后，我认为墨西哥人会同意将这三位美国人物形象印刷在货币上。问题在于钞票的另一面，我不知道美国人是否希望在墨西哥货币的另一面上看到潘乔·维拉（Pancho Villa）或 1847 年美国入侵墨西哥时被杀的儿童英雄。我们必须非常仔细地考虑这个问题。墨西哥需要一种稳定的货币。我认为，从长远来看，如果我们有一个繁荣的国家，贫困更少一些，我们的英雄们会更高兴，尽管并不是所有的英雄都会出现在阿梅罗上。

保罗·J. 扎克：我有一个问题要问赫伯特，您没有解决其中一个重要问题，那就是铸币税（美国财政部从通货膨胀中获得的收益）。解决这个问题似乎有两种方法：第一种是根据铸币税征收的情况，每年将一部分铸币税从美国转移到加拿大；第二种是迫使加拿大货币进行货币互换。

赫伯特·格鲁贝尔： 我把这一切都想好了，我们的想法是，通过保留我们的造币厂和印钞机来取悦加拿大的民族主义者，我们自己印刷钞票，明白吗？通过旅游，加拿大印制的阿梅罗会流向美国，进入商业银行，再运回加拿大。因此，我们也可以把美国印制的阿梅罗运回美国。所以，平均而言，我们将只有加拿大阿梅罗的流通，但我们可以毫无困难地获得铸币税的一部分，包括就业和收入的影响。

克里斯托弗·约翰逊： 我想承认，货币联盟的想法正在传播。我希望欧洲的例子在赫伯特·格鲁贝尔提出的这个出色建议中发挥了一定的作用。由于美国货币和加拿大货币都被称为元，所以我会对北美货币联盟做一些表面的调整。看在上帝的分上，为什么不直接把阿梅罗称为元，并去掉"美元"中的"美"字和"加元"中的"加"字呢？

赫伯特·格鲁贝尔： 那是我的失误，这就是阿梅罗元。但是，在墨西哥，改变比索的流行用法仍然是一个问题，但我相信会有一个解决办法。

克里斯托弗·约翰逊： 我正要说这个问题。第一次到墨西哥的人可能会认为墨西哥的货币就是美元，但所有东西的价格都要比美国贵 10 倍。当发现美元符号（$）实际上是指比索时，他们如释重负。那么，为什么不把比索称为元，然后除以 10，这就是当前比索兑美元的汇率。我认为把比索称为元不会有任何政治上的反对意见，但我不明白为什么比索需要一个前缀，世界上其他地方没有竞争性的元。在阿拉伯海湾地区仍有一些银圆在流通，但通过将"塔罗"（Talo，一种古老的德国硬币）改为美元，我认为我们已经赋予了"塔罗"一个全新的世界。赫伯特的分析证实了我一直以来坚持的观点，即加拿大的利率长期高于美国，使得加拿大经济一直处于不利地位。这是加元（贬值）的风险溢价，可能还不足以补偿人们的风险。然而，我想知道的是，如果我们回顾历史，如果加拿大的利率与美国相同，那么今天加拿大的经济状况会好多少呢？展望未来，我只能说，锁定美国的低利率对加拿大来说是一笔不错的交易。对墨西哥来说，这是一笔更好的交易。

罗伯特·巴特利：我建议，墨西哥版阿梅罗纸币的其中一面应该是墨西哥革命英雄埃米利阿诺·萨帕塔（Emiliano Zapata）。

阿曼多·巴基耶罗：赫伯特，您怎么看待制度框架的差异问题？加拿大和美国都有类似的制度和司法实践，但墨西哥与这两个国家的情况有所不同。例如，对贷款的抵押品要求是墨西哥银行体系存在的问题之一。也许您可以谈谈经济一体化的必要性，美国和加拿大之间已经十分接近了，而墨西哥却离它们很远。

埃布尔·贝尔特伦·德尔里奥：我有三点评论。第一，您预计建立北美货币联盟是否有一个时间表？第二，就像我的朋友巴基耶罗先生所问的那样，像墨西哥这样的国家是否需要一个准备阶段？特别是，正如罗伯特·A. 蒙代尔昨天提到的，要素流动通常是货币联盟的先决条件之一。第三，请不要使用"Amero"（阿梅罗），因为"Mero"在西班牙语中指一种鱼，在墨西哥的高级餐厅里不会有人点这种鱼。请使用"Ameri"。

罗伯托·萨利纳斯-利昂：阿曼多·巴基耶罗的重要评论表明，我们需要在讨论中解决制度框架的差异问题。我想到了以下三点：（1）墨西哥的产权制度需要进行彻底改革，从宪法条款开始，对电信、电力和其他对社会非常重要的服务部门进行监管；（2）公司治理，即私营企业尝试融入国际市场的行为方式，因为加拿大和美国的企业文化非常相似，但墨西哥的企业文化才刚刚起步；（3）银行体系充斥着道德风险，墨西哥国会已经提出改变这一状况的一项提案，但墨西哥在这方面还需要付出巨大的努力。杰弗里·弗兰克尔在早些时候提到了法治问题。法律协调似乎是建立货币联盟的重要步骤之一。这也说明了另一个问题，我们不要把这些差异作为不进行必要改革的借口。如果为了实现一种共同货币需要改革，那我们一定要竭尽全力地实施它们。

斯文·阿恩特： 我收到了听众的评论，然后是罗伯特·A. 蒙代尔的评论。

听众提问（伊比利亚美洲大学的莱恩·戴维，Lane David）。格鲁贝尔博士建议，北美建立货币联盟可以跳过欧盟经历的几个阶段，我想知道这是否会对结果产生影响？我还想对整个小组提出一个一般性问题，你们是否讨论过任何其他形式的美元化？我个人不赞成美元化，但你们的沉默是否意味着你们当中没有人支持任何其他形式的美元化？

罗伯特·A. 蒙代尔： 对不起！我有八个问题请赫伯特·格鲁贝尔回答，让我简单地陈述这些问题。

（1）阿梅罗或其他任何提议，如加拿大实行美元化，是否必然会导致魁北克脱离加拿大？

（2）为了废除美元，美国是否需要修改宪法？

（3）墨西哥和加拿大政府委员会的代表是否只是另一个通货膨胀的游说团体？

（4）阿梅罗在国际上的使用是否会受到损害？

（5）货币联盟是否会向西半球的所有国家或向世界其他地区（如澳大利亚）开放？

（6）劳动力流动或税收协调程度的改变是否需要融入其他政治或经济体系？

（7）这项建议是否会增强美国在世界上的权力？

（8）您认为美国哪个政党会认为货币联盟是可以接受的？

赫伯特·格鲁贝尔： 首先，目前加拿大长期国债的利差比美国低约 0.5 个百分点。但是，加拿大通货膨胀率比美国低 1.5%。所以，如果你把当前通货膨胀率作为预期通货膨胀率的一个指标，那么实际通货膨胀率仍然存在差异。事后计算表明，加拿大与美国的实际利率利差是 1%。那些不喜欢我的建议的政治权威人士（如加拿大银行行长）会对我关于降低利率的主张嗤之以鼻，他们会指出，由于北美货币区制度，明年加拿大将不得不提高利率。我认为，这个论点是站不住脚的。关于制度的问题是合理的，但我看到了问题的另一面，货币联盟是一种加速必要变革的方式，旨在建立一个更有效和更自由的社会。因此，在加拿大和墨西哥，政治家们经常把这个世界搞得一团糟，从而使经济陷入困境，安全阀就是让汇率贬值。但是，如果他们不能再让货币贬值，他们将面临改革的压力。我不知道需要多久他们才能明白已经不能为所欲为地制定政策了。但是，美国仍然坚持认为北美需要有优势，而世界其他地方都可以下地狱。好吧，当通过汇率获得救助的机会最终消失时，下地狱的将是加拿大。我不知道这需要多长时间。

我同意，欧洲很难将联邦预算赤字和各国通货膨胀率统一起来，在加拿大和美国则不存在这个问题，但在墨西哥却存在，所以需要一些时间来实现趋同，我们可以就何时实现这一目标达成共识。但我不认为这些是关键问题，因为在货币联盟建立后，生产率每年都会发生复合变化，经济激励将使制度差异作为一个问题有效地消失。有些问题要求我的建议分阶段实施。我应该感谢我在加拿大的几位同事，C. D. 豪研究所的研究员里克·哈里斯（C Rick Harris）和约翰德国研究所所长汤姆·库钦（Tom Courchene），他们提出了同样的观点，但他们比我更关心政治问题，他们的提议更需要循序渐进，因为目前政治支持还很薄弱。

现在，罗伯特提出关于魁北克的问题。当魁北克开展独立的政治运动时，联邦主义者宣布他们将失去使用加元的权利，魁北克人被这个问题难住了，因为加元是一种非常强大的象征。如果魁北克是一个独立国家，它就必须有魁北克元，但魁北克元在世界上的声望和地位远不如加元。事实证明，魁北克独立主义者很喜欢我和哈里斯及库钦关于建立北美货币联盟的想法，因为这让他们摆脱了困境。这不应该成为反对在未来百年或千年里为整个加拿大做正确事情的理由。现在，不管美国是否需要通过修改宪法来建立一个货币联盟，我都服从像罗伯特这样专家的意见，但我保留我的意见。

接下来，加拿大和墨西哥驻美联储的代表会成为通货膨胀的说客吗？我不这么认为，加拿大人当然也不这么认为。我认为，加拿大有两张选票的唯一好处是，代表之间可能会形成联盟，比如大草原的联邦储备区与加拿大草原地区之间利益一致而结成联盟，它们的利益也可能与美国南部地区的利益一致。尽管如此，美国人仍将永远主导美联储。这就提出了我认为最重要的问题，我们必须考虑美国的货币历史。在某些时期，美国的货币政策比其他国家还要糟糕。这就是为什么阿梅罗中央银行需要有一个非常强大的宪法。要知道，只有被写入宪法才有价值，而且必须得到政治制度的支持。但世界上普遍采用保守的货币政策和价格稳定的做法是正确的，这减轻了中央银行维持充分就业和满足议员政治意愿的压力。

那么，美元的威望如何？好吧，如果中央银行有如我所建议的那种宪法保障，我认为美元的威望不会下降。事实上，美元的威望可能还会上升，因为持有美元的人数和北美地区的 GDP 总量在增加，这将使北美货币区与欧洲最终形成的欧元区 GDP 相匹敌。如果其他国家加入北美货币区会如何？这是一个敏感的问题。我认为，如果北美货币区取得成功，中美洲和加勒比地区的国家很可能希望加入。我真的没有考虑过其他国家。我把世界看作是一些货币集团，最大的货币集团是北美地区的美元、欧元和亚洲的一些货币，但我不能确定亚洲的主要货币是日元还是人民币，印度也是一个非常大的货币集团。因此，尽管亚洲的主要货币尚难确定，但是亚洲贸易区域很可能会形成。

接下来是关于劳动力流动性问题。我今天上午提到，如果没有劳动力流动，就会有更大程度的资本流动。例如，如果加利福尼亚州是一个拥有本国货币的独立国家，在受到巨大冲击的情况下，将会发生什么？劳动力迁移的速度放缓，利率上升，流入加利福尼亚州的资金成本将提高，这将有助于产业调整以应对冲击。劳动力流动和资本流动之间存在一定程度的替代关系，所以劳动力流动并不是必要的。欧洲正在实行货币联盟，所以我们应该好好看看货币联盟在北美的发展情况。

第6章 兰德尔·欣肖纪念讲座:
拉丁美洲的汇率政策

主持人:阿诺德·哈伯格

我很荣幸成为兰德尔·欣肖讲座的第一位演讲人。尽管我不是很了解兰德尔·欣肖先生,但我当然知道他的职业声誉和地位。他是一位杰出的专业经济学家,为经济学专业带来了极大的智慧和荣誉。在他所有的专业工作和人际交往中,他也让我们感到骄傲。我希望珀尔(他的妻子)、罗伯特(他的儿子)和伊丽莎白(他的女儿)能从他留下的如此杰出的声誉中感到安慰和慰藉。

我的时间不多,但要讲的内容却很多。我决定先从实际汇率经济学(real exchange rate economics)的基本介绍开始,再介绍一系列拉丁美洲的经验,这些经验可以说明这门学科的广度、深度及复杂性。

首先,值得关注的是,这实际上是一个有关需求和供给的问题。我在这里将引入一些符号。令 E 为汇率,即 1 美元的名义价格。如果我用 1 美元的名义价格除以某指数,如消费价格指数或 GDP 平减指数等,我们称这些指数为 P,将得到名义美元的实际(经过通货膨胀调整后)价格,即 E/P。出于许多目的,这不仅是最简单的实际汇率,也是最好的实际汇率。在实际汇率上,人们分歧很大的问题是,当名义美元的

95

价值在观察期内发生了变化，就需要用一个不同的指数把名义美元变成实际美元。我们可以用半节课的时间讨论这个话题，但这肯定不属于本讲座的演讲范围。请注意，我在此所说的实际汇率是指在给定所有世界价格情况下的实际汇率。

现在，我们有了一个简单的需求和供给情况，如图 6.1 所示。实际汇率由纵轴表示，我们有两张图。一张图是以实际汇率为函数表示的进口需求和出口供给，另一张图是我们将可贸易品的总需求与总供给并列作为实际汇率的函数。在座各位都是这方面的专家，你们会注意到，这两种情况下的均衡（E/P）* 是完全相同的。不仅如此，在每一种实际汇率下，两者之间的差异都是完全相同的。它们的关系非常密切。还有一点，很多人都没有很好地意识到，在横轴上，我们并没有以数量为单位来汇总可贸易品，而是必须以美元价值为单位进行汇总。当某一时间点的世界价格已知时，考虑每一种商品的单位价值为 1 美元，再把它们加总。我正在带你们做一些有关实际汇率经济学的课堂练习。

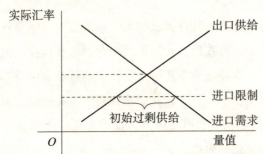

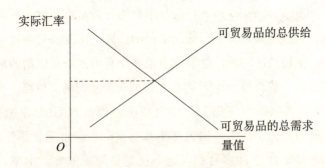

图 6.1　出口、进口和贸易品

现在，我们假设实施了进口限制，这将使进口需求曲线向左平移。因此，交点将处在一个较低的实际汇率（虚线）上，最初这会造成供给过剩。为了缩小这一差距，均衡变量是实际汇率。伴随进口限制的是出口价格的上涨。当我们以美元价值衡量数量时，作为实际汇率函数的出口供给曲线将向外移动，这就是"荷兰病"（一个自我实现的泡沫）。这样一来，供给过剩会再次产生。为了均衡供给过剩，自然均衡变量也是实际汇率。但这种均衡是通过资本流入实现的，而资本流入在拉丁美洲地区发挥了巨大的作用。然而，资本流入对实际汇率并没有可预测的定量影响。这是因为，当人们借钱时，他们并不总是以一种可预测的方式花钱，有时他们借钱是为了给建设提供资金，有时他们从德国、美国或日本购买发电机。借来的资金增加了外汇供给，但用它们来购买外国的发电机又增加了外汇需求，就好像什么都没发生一样，只是一堆发电机的转手。如果借钱来挖灌溉沟渠，就要雇佣劳动力。在这个过程中，美元被兑换成比索或其他一些当地货币，然后美元被抛售到市场上。当美元在市场上被抛售时，美元就会供给过剩，美元的实际价格就会下降。有关实际汇率经济学的介绍课程就此结束，我想随着我们学习的深入，你们会看到与实际汇率经济学相关的问题。

我第一次去拉丁美洲是在 1955 年。1955 年 7 月 1 日，我抵达智利的圣地亚哥。从那以后，我一直在观察拉丁美洲。20 世纪 50 年代、60 年代和 70 年代初，国际货币体系仍处于布雷顿森林体系（固定汇率）阶段，人们对此并不满意，并且开始思考固定汇率不一定是永久性的。拉丁美洲的典型情况是长期实行固定汇率，但由于内部通货膨胀不断，汇率越来越偏离对固定价值的均衡。最后，当政策制定者无法继续维持固定汇率时，就会出现一个新的固定汇率，货币就会大幅贬值。名义汇率先是保持不变，随后急剧上升，最后再次保持不变。国内价格水平或多或少会稳步上升，所以实际汇率呈锯齿状下降。这一情况发生在阿根廷。名义汇率出现两次激增，实际汇率也相应出现大幅激增，阿根廷比索两次大幅贬值幅度大致相同。在这段时期，阿根廷、智利、乌拉圭和巴西都经常发生这种情况。

我们后来才了解到的一个情况是，我们在解释汇率变动方面很幼稚。我们以为，各国（通过印钞）正在制造通货膨胀，这使得价格水平稳步上升，但汇率却保持不变。但是，当我们从罗伯特·A. 蒙代尔和其他一些学者那里了解到国际收支平衡的货币方法时，我们才意识到，印钞应该不会导致通货膨胀，因为印钞会造成外汇储备的巨大损失。在货币大贬值期间发生的通货膨胀都导致了外汇储备的流失，然后政府会实施限制性政策，例如它们会对进口商品征收附加费。智利曾有一段时间要求人们将价值进口商品 10 000 % 的资金存入银行，在等待商品入港时，再把这笔钱无息存放在中央银行。这就是可怕的限制政策。这些都是我们在货币大幅贬值时期寻求摆脱危机的政策措施。

让我们开始下一节课程。当时，我们了解到的情况是，实际汇率波动中这些巨大的锯齿状下跌给实际和潜在的出口商及潜在的进口替代品发出了可怕的信号，实际汇率并没有发挥配置资源的作用。如果一个国家存在通货膨胀，那么应该让汇率或多或少伴随通货膨胀变动，以避免实际汇率的大幅波动，因为这种波动并不反映任何潜在的市场状况。有几个国家率先采取了在早期被称为"小额贬值"的政策（a mini-devaluation policy）。当时的想法是，随着通货膨胀的持续，为了跟上通货膨胀的步伐，货币会小幅贬值。从本质上讲，这种政策不针对实际汇率，只是试图保持汇率与通货膨胀的同步变化。以哥伦比亚为例，1973—1975 年，以及从 1977 年开始一直到 20 世纪 80 年代，实际汇率经历过几个平稳时期。这是一项相当成功的政策，不仅在哥伦比亚，在智利和巴西也是如此，这两个国家几乎同时开始实施这项政策。

我对应对通货膨胀的小额贬值政策和以实际汇率本身作为经济政策主要目标的政策进行了区分。有两起事件很有趣，也非常成功。一件事是巴西奇迹，另一件事是智利奇迹，我称之为"迷你型奇迹"。这两起事件使国家从 1985—1995 年左右的债务危机中走了出来。在每个案例中，政府当局都会说，"我们遇到了麻烦。我们希望我们的经济能够增长、发展、现代化和自由化，等等，但我们需要一种经济发展的驱动力，我们希望这种驱动力是出口。我们需要向出口商发出一个信号，即市场将奖励它们的努力，而且这个信号必须是实际的，因为出口商们对通货膨胀早已习以为常。这个信号就是政府承诺维持一个较高的实际汇率，也就是说美元的价格会很高，这样拉丁美洲出口商的努力才能获得良好的回报。"

在巴西，实际汇率基本保持稳定，但出口却疯狂增长，从而拉动实际 GDP 增长。请注意，一个国家是不能使用名义工具来实现将实际汇率维持在某个水平这个目标的。你不可能有一个实际目标，并且认为通过操作名义价值就能实现。政策制定者需要一种实际工具来实现这一目标，巴西人使用的实际工具是贸易自由化。巴西从一个严格限制的经济开始。对巴西来说，实际汇率太低了，巴西人希望实际汇率上升，即增加对美元的需求。他们通过放开进口管制，促使进口需求上升，实现了这一目标。每当他们在试图维持汇率的过程中积累了过多的外汇储备时，他们就会放开进口管制，并减少不必要的外汇储备。他们以循序渐进的方式做到了这一点，我们所有业内人士都表示赞赏。但 1973—1974 年石油价格暴涨，巴西面临的局面不是大量美元的流入而是流出。当时，我们很多人都认为，巴西应该改变实际汇率目标，以适应这次石油价格冲击。但不幸的是，巴西决定重新实行一些进口限制政策，以降低进口需求。因此，巴西最初实行贸易自由化是好的，但之后的去贸易自由化是很糟糕的。然而我们必须意识到，巴西经济每年以 9% 或 10% 的实际速度增长，因此，即使在这段糟糕的时期，巴西经济依然充满活力。

我们考察的下一个国家是智利。智利的实际汇率从 1986 年左右开始下降。这是很多人今天都在谈论的一个有趣的故事。世界是复杂的，但我不喜欢的一种假设是，任何一个小国都可以在世界市场上借到它们想要的钱，这忽略了诸多国家风险因素。任何来自债务危机国家的财政部长或央行行长都明白这个道理。事实上，发展中国家的资金供给随着资金的流入呈现上升的趋势。不管怎么说，我确实目睹过这种资金供给曲线几乎不存在的情况。如果一个国家想借钱，比如中非共和国想要在世界市场上借入大量资金，它将支付的利息是在伦敦同业拆借利率的基础上再加 6%，并获得相当于该国出口总额 20% 的信用额度或类似的额度。它面临一条起点很高并升至顶峰的资金供给曲线。另外，你们看看今天像阿根廷这样的国家，它很容易进入世界市场，而且借款利率不会比国际信贷市场上的利率高很多。如果阿根廷想借款，利率不会上升很多。事实上，资金供给曲线取决于世界金融市场对一个国家的喜爱程度。世界金融市场越是喜欢一个国家，该国资金供给曲线的截距就越低，斜率越平缓。如果世界金融市场不喜欢一个国家，该国资金供给曲线的截距会更高，斜率也会更陡峭。在智利发生的情况是，在它刚开始借款时，其资金供给曲线的截距很高，斜率也很陡峭。但随着时间的推移，世界资本市场越来越喜欢智利，其资金供给曲线的斜率也变平缓了。这一点很重要，因为资金供给曲线影响了智利设法维持实际汇率的方式。大体上，这就是我们所说的"冲销干预"，但它在智利还有一些有趣的变化。

从一开始，智利经历了债务危机。在纽约二级市场上，有大量智利债务以很大的折扣出售，折扣率大约是面值的60%。发行这些债务的私人银行在法律上被禁止从纽约市场中买回这些债务。当时的情况是，智利企业家们购买了这些债务，然后与银行进行交易，由银行偿还债务，并以40%的折扣折让差价。当中央银行的人发现这种操作有利可图时，他们很害怕，认为人们每个月都想做这种价值数十亿美元的交易，这将耗尽智利的外汇储备。在这段时间里，智利一直实行资本管制，但并没有广泛实行。也就是说，智利政府有权发布资本管制措施，但实际上它并没有大量使用这些措施。智利政府宣布每两周拍卖一次银行债务权，我认为这是绝妙的做法。政府决定要出售的外汇储备规模，例如，如果中央银行出售价值175亿美元的债务，就会通过拍卖创造175亿美元的需求。在这个过程中，中央银行通过拍卖权利本身获得了40%的债务折扣中一半以上的巨额利润。

如果这种情况可以永续下去，那简直是天堂。但最终智利还是回收了几乎所有的债务。而且，随着时间的推移，纽约市场中的债务折扣也减少了。因此，当智利总统爱德华多·弗雷（Eduardo Frei）领导的政府上台时，尽管他们很想遵循同样的政策，但已经做不到了，只能试图效仿通过增加资产而不是减少负债来实现这一政策目标。这差不多是一回事。中央银行所做的是一种冲销干预：中央银行在当地市场上发行一种（经过通货膨胀调整的）购买力债券，从而可以极大地抑制通货膨胀。中央银行再拿着这些债券的收益部分去购买美元，并把美元存放在纽约市场上。尽管这样的操作在某种意义上是可行的，但会引起两个问题。随着智利资本市场的不断改善，当央行发行这些债券时，利率会上升，因此会吸引资金回流智利。在纽约，每 1 000 美元中可能有 300 美元会回到智利，我把这种现象称为"回流"。而智利希望通过引入一种税收来限制这类资金回流，这种税收最终相当于对即时支付的短期资本流动征收 3％的税，或对中央银行的一年期存款利息征收 30％的税。3％是 30％的利息，所以是利率。

尽管智利采取了这些政策，但仍然无法将实际汇率维持在原来的水平上。此外，在进行这一操作时，中央银行蒙受了重大损失。中央银行在智利为购买力债券支付的利息比其在纽约市场上最终积累的 180 亿美元利息还要多。因此，180 亿美元的利息差是 3％～4％，中央银行每年会损失一大笔钱。但无论如何，这一时期智利的经济是成功的，智利的出口导向型经济增长良好。

现在，我们再来看看一些不成功的固定汇率国家。阿根廷的名义汇率是固定的，由于国内通货膨胀，实际汇率开始急剧恶化。这是因为政策制定者未能控制住经济基本面。这些国家都存在严重的预算赤字，它们疯狂地印刷钞票，通货膨胀随之而来。一个值得关注的案例是巴西的克鲁扎多（Cruzado）计划，名义汇率保持不变，但实际汇率急剧贬值，导致巴西货币大幅贬值。同样，阿根廷货币也曾大幅贬值过三四次。在这些案例中，固定汇率并没有发挥作用，因为这些国家不明白它们必须固定的是实际汇率。

接下来，我们来看看 1960—1978 年的危地马拉、萨尔瓦多和洪都拉斯的经济情况。1960—1978 年是中美洲国家的天堂。在此期间，几乎每个中美洲国家的经济都以每年 6％的速度保持增长，但都以一个巨大的咖啡繁荣而结束。对这些经济体来说，这是一段非常幸福的时光。这三个国家在此时期都实行了固定汇率，且非常成功。然而，无论使用哪种价格指数，实际汇率都表现出显著的变化。尽管这三个国家的经济模式并不完全相同，但它们在这一时期都显示出非常显著的变化。这是第一课的部分内容：当世界咖啡价格发生变化时，均衡实际汇率就会发生变化。如果汇率是浮动的，可以通过汇率的变化来实现调整。另一种调整将通过提高国内价格水平来实现。根据我的经验，价格上涨没有太大问题，但价格下跌却是困难的。

接下来考虑一下巴拿马。巴拿马是一个很好的案例，因为巴拿马是最美元化的一个经济体。尽管如此，在二十多年的时间里，巴拿马的实际汇率还是有波动的，如果用美国作为世界价格指数，实际汇率的波动范围会小一些。我在这里做一个小小的宣传，在研究实际汇率时，我首先使用的是美国批发价格指数作为世界价格指数。在美国总统吉米·卡特（Jimmy Carter）执政期间，美元实际价值大幅贬值。在罗纳德·里根（Ronald Reagan）总统执政期间，美元实际价值大幅升值。由于我研究的是美元相对于其他货币的走势，一些批评我的人士认为我讲的问题其实并不是关于智利、巴西和墨西哥的问题，而是关于美元的问题。我想摆脱对这个问题的纠缠，但也不想因为我讲的只是关于美元的问题而受到批评。使用特别提款权世界价格指数（来自国际货币基金组织）是处理主要货币之间相对变动的一种成功方法，但这个指数本身还有很多独特的波动。因此，我还是建议使用美国批发价格指数。

下一个案例是 1970—1995 年的阿根廷。在此期间，阿根廷的实际汇率相对其均衡汇率有超调的趋势，大宗商品市场、股票市场或任何与人们的情绪有关的市场都存在超调的原因。我在这里想说明一点，就实际汇率而言，如果巴西的美元价格需要上涨，就会有一个缺口需要填补。从短期来看，出口供给不会大幅扩张。即使在债务危机最严重的时候，拉丁美洲或亚洲所有受影响的国家和地区从未成功实施过出口扩张。这种情况之所以不会发生，是因为短期供给弹性较低，出口商需要时间达成交易。除了心理上的解释之外，汇率超调的一个基本因素来自出口产品的供求方面。在同一时期，墨西哥的汇率波动超过了均衡水平。所以，我们可以看到，阿根廷并不是唯一出现实际汇率超调的国家。

牙买加和乌拉圭的汇率模式非常清晰。在资本流入时期，进入这两个国家的净资源转移是增加的。也就是说，贸易逆差意味着资本正在流入这个国家。当资本流入牙买加和乌拉圭时，这两国的美元都很充裕，因此美元的相对价格（汇率）下降了。但是，这两个案例之间也存在着区别。我认为，乌拉圭是一个成功的案例，进入该国的资本都是想要进入的资本。因为乌拉圭是一个奉行经济政策自由化的国家，外国人有兴趣把资金投入乌拉圭，把资金放在国外的乌拉圭人也有兴趣把资金带回国内，所有这些资金流动都是自愿的。

而牙买加的情况有些不同。在牙买加，爱德华·西加（Edward Seaga）第二次当选总理。由于铝土矿价格的上涨和旅游业的繁荣，爱德华·西加在第一次执政时期在经济上取得了成功。因此，他手上握有大量美元，他奉行的政策我就不详细讲述了。迈克尔·曼利（Michael Manley）接替了他，在曼利执政期间发生了两件糟糕的事情。首先，铝土矿价格下挫；其次，牙买加发生了骚乱，游客不敢选择牙买加作为旅游目的地。正因为如此，曼利被赶下了台，西加重新执政。西加很高兴重新掌权。当我们问他如何应对时，他说他会像上次执政时那样做，但他的执政条件已经发生变化。他却以其地理位置重要性要挟美国和其他国家以获得外国援助。不情愿的贷款人带来了资金，然后他又无视国际货币基金组织和美国国际发展署为牙买加整顿经济提出的建议。最后，这些机构停止对牙买加提供资金援助。牙买加经济陷入了困境。情况不同的是，乌拉圭的外国净资产一直在上升，牙买加的资产则大幅缩水。当国际救助停止时，牙买加人不得不耗尽他们的外汇储备，即便只是为了生存很短的时间。

我将讨论的最后一个话题是拉丁美洲的债务危机。我对 20 世纪 80年代的债务危机做了大量研究，从每个国家的不同角度研究债务危机。在这节课上，我不可能为你们总结所有的问题。我想讨论的是，在危机期间，实际汇率和作为 GDP 一部分流入一国的净资源转移是如何发生反向变化的。当资金流入一个国家时，美元就会变得便宜。当资金流出一个国家时，美元便会变得昂贵。这种情况发生在阿根廷、智利、墨西哥和秘鲁，但在亚洲危机期间却产生了相反的趋势。在债务危机期间，阿根廷对实际汇率施加了压力，实际汇率上升的压力来自国内价格水平下降，这通常会增加失业率，这就是在阿根廷发生的情况。现在我将结束演讲，开始大家的讨论。

讨 论

罗伯特·A. 蒙代尔： 阿诺德，我非常喜欢您的讲座。我想知道在长期实行固定汇率制度的国家中，您是否发现了资本流入与实际汇率之间存在相关性。我对您在巴拿马发现的情况很感兴趣。

阿诺德·哈伯格： 这是个有趣的问题。对于实行固定汇率制度的国家来说，情况非常复杂，因为实际汇率从来都不是一个双边问题，所以我们不能说实际汇率是两国之间的关系，而应该说是一国与世界其他国家之间的关系。例如，如果一个国家实行固定汇率，而其他国家实行浮动汇率，这是一个棘手的问题。我确实考察过巴拿马，巴拿马的实际汇率急剧上升，也就是说它的实际汇率急剧贬值。在此期间，有一年巴拿马的 GDP 下降了 13%。一般来说，当一个国家陷入困境时，实际汇率倾向于贬值；当一个国家经济繁荣时，实际汇率倾向于升值。当然，这是巴拿马的经验。阿根廷的情况是希望实际汇率贬值，阿根廷想要货币贬值已经有一段时间了，这些信号对我来说非常明确。我们谈到了这一时期的出口增长情况，导致货币贬值的压倒性力量来自出口，我不敢说是全部但也可能这就是全部的原因。其中阿根廷的大部分出口是与巴西的贸易，这是在南方共同市场贸易区不断发展的背景下发生的。正是这一系列出口带来了经济繁荣，但也让阿根廷的固定汇率制度陷入了危险的境地。在过去五年中，我一直在与阿根廷经济学家讨论这个问题，他们都很担心。如果阿根廷对南方共同市场以外的出口也能够繁荣起来，他们会高兴得多。但这种情况并没有发生。从趋势上看，我认为阿根廷比索一直在尝试进行一次实际贬值。

听众提问： 同样，由于金融动荡导致资本外逃，墨西哥在去年也经历了比索的名义贬值。尽管今年年初人们对此还感到忧心忡忡，但奇怪的是美元汇率有所升值。我不知道您是否同样考察过 1999 年墨西哥比索贬值问题，但结果可能也是相同的。许多分析人士认为，墨西哥当局应该调整实际汇率，因为他们觉得实际汇率升值过快。我想知道您对这个问题有什么看法。可以这样做吗？如果可以，应该怎么做？

阿诺德·哈伯格： 智利或印度尼西亚比墨西哥更容易调整实际汇率，原因是相对于美国来讲墨西哥经济在财政上漏洞百出。例如，智利对短期资本流入征收 3％ 的税，这种做法已经达到了事半功倍的效果，当然这还没有损害经济，这使智利人能够把资金投向国外，并对提高实际汇率产生了温和的影响。由于墨西哥很难对美国进行资本管制，所以我对墨西哥能否对短期资本流入采取征税措施持怀疑态度。我想说的是，在这些问题上，我不是一个纯粹主义者。我认为政策导向型的经济学家不敢成为纯粹主义者，因为我们的政策体系中有太多的垃圾，我们对此无能为力。我们必须接受从过去继承下来的东西，而且只能非常缓慢地改变它，即便如此，也不能完全按照我们想要的方式去改变它。在实现我们实施的任何变革的过程中，个人会对许多力量做出反应。

说到资本管制问题，我们真正想要的是具体措施。在我看来，最糟糕的资本管制措施是强制交出出口收益。我认为，世界贸易组织应该禁止各国政府坚持强制交出出口收益。这是一个可怕的资本管制手段。

此外，我认为，人们必须非常小心那些试图阻止资本离开一个国家的管制措施。我在印度生活的时候，一切都处于管制之中，所有的价格都不正常。我问过一个商人，他把钱存入伦敦的利率是多少。他回答说，"伦敦利率？"我问他把钱取出来是不是有问题。他说没有问题，他是通过黑市把钱取出来，又通过黑市把钱存进去。所以，他们把钱转移到想要的地方，在这个过程中不会损失任何东西，除非黑市的溢价发生了变化。如果他们以同样的黑市溢价把钱取出来，再把钱存进去，就不会有什么损失。但是，黑市并不能实现资金的真正转移，只是实现了资金的流动。真正的资金转移来自出口和进口，多开进口发票，少开出口发票，这是资金通过黑市流通的方式。我的明确观点是，没有一个权威机构在 10％～15％ 范围内能够发现多开或少开发票的问题。因此，如果进口占 GDP 的 20％，出口占 GDP 的 20％，那么进出口都可以谎报为 15％左右，这意味着你必须在一年内通过虚假发票将 GDP 的 6％转移到国外。当然，随着时间的推移，这种情况会越来越多，但这对经济的影响没有好坏之分。当我们考虑资本流动时，我们必须忽略黑市的资金流动。

我讲到了智利的冲销干预和对短期资本流动征税的情况，我不认为这是有害的，可能还有些积极的影响。我强烈支持智利通过拍卖回收债务的做法。智利做的另一件事是，大约从 1976 年开始，禁止银行向国外举债的比例超过其盈余资本的 25％。在某个时刻，人们对此表示不满，并将这一条件改为不超过其盈余资本的 50％。然后，人们又开始抱怨，这一比例变成了 75％左右。数字可能不太准确，但情况都是属实的。再然后，这一比例可能变成了 100％或 125％，最后突然变成了 2 000％。现在，这一比例并没有真正变成 2 000％，只是智利银行消除了外国债务与其他债务之间的区别，将外国债务与其他债务混杂在一起。正是这一政策举措导致大量资本流入智利，1979 年、1980 年和 1981 年资本流入占智利 GDP 的比重分别约为 6％、9％和 15％。正是这种资本流入的崩溃导致了巨大的债务危机。如果智利在允许银行增加负债方面的步伐能更慢一些，那么智利就不会发生债务危机。

福斯托·阿尔扎蒂：我有个评论。当我听您的讲座时，我感到越来越不安，每个案例中的重要特征都是政策，而政策的背后是政策制定者，政策制定者的偏好与大多数人的偏好往往会不一致。以拉丁美洲为例，纵观历史，拉丁美洲国家政策制定者的利益很少与大多数人的利益一致。从长远来看，政策制定者牺牲了经济增长，而且通货膨胀水平往往高于预期。我的观点是，如果我们作为经济学家相信市场机制能够有效地配置资源，那么我们为什么还要更倾向于政策和政府干预，即使是出于善意，即使由非常训练有素的人进行干预，为什么我们不倾向于更加自动的市场机制？

阿诺德·哈伯格：哇，这是一门关于生活和政府哲学的课程。在某种程度上，这也是我们职业的课程。我试着生活在这个世界上，我看到优秀的经济学家们对各国的经济政策产生了一定程度的影响，他们为本国人民的利益带来了巨大的改变。我认为，作为一名政策经济学老师，我的工作是努力教导学生。这样，如果他们有机会，他们就会知道不要失去机会。许多人都很优秀，却从来没有机会，他们对环境感到沮丧。但是，1974 年诺贝尔经济学奖获得者弗里德里希·哈耶克（Friedrich Hayek）会说，让市场体系为所有货币政策服务发挥作用。他也会说，一个国家根本不需要有自己的货币，但是你仍然必须执行合同。在进行交易时，你仍然必须遵守法律。每一篇关于货币和银行业的文章都体现了本国货币的便利性。

　　还有一件事我称之为"里根问题"。我对前总统罗纳德·里根相当钦佩，我认为他和教皇都是赢得冷战的人物，历史为此会给予他很高的评价。但他一生都在巡回演讲，说政府有多糟糕，政府所做的一切都是浪费我们的钱，所有的官僚都一文不值。1981 年 1 月的某一天，由他掌管政府。他应该怎么做呢？他应该如何处理他的问题？他应该尽快解雇所有的官僚吗？我认为不是。我认为，他的问题是试图建立一个精简而清廉的政府，一个能很好地履行职能、规范私营部门行为和为私营部门运作提供游戏规则的小政府。我认为这是必须的，这些游戏规则包括货币体系和汇率制度。

罗伯特·巴特利： 我希望这是一个问题，根据阿诺德·哈伯格刚才讲述的内容，20 世纪 80 年代上半叶，在里根政府的领导下，美国汇率政策与福斯托·阿尔扎蒂的观点一致，即政府没有任何自由裁量权。时任美国财政部副部长的巴里·斯普林克尔（Barry Sprinkle）先生提出了一项政策，指出政府无权干预汇率，应该让市场来处理汇率问题。结果是美元出现了美国历史上最大幅度的实际升值。我想知道，您对此有何评论。

阿诺德·哈伯格： 最后这个问题很好，因为它给了我一个轻松的机会来讲述我喜欢的问题。今天仍有很多人在谈论卡特的通货膨胀和里根的通货紧缩问题。他们认为，卡特政府完全是肆意挥霍，美联储大量印钞，天知道会发生什么。里根政府执政后，采取各种措施紧缩开支。以上这些信息都是不正确的。如果你拿到美联储的资料，可以看到，M1是一条直线，M2是一条直线，M3是一条直线，银行信贷也是一条直线，它们都是半对数的直线（以恒定的速率增长）。从此前的卡特到此后的里根，你几乎看不到曲线有起伏不定的任何迹象。那么，如果货币扩张是相同的，我们如何得到卡特式的通货膨胀和里根式的通货紧缩呢？我对此有一种预感。

卡特当选总统后，苏黎世的银行家们都迷惑不解地问道，这个种花生的农场主会管理国家吗？我们该怎么办呢？我们到底该相信谁？然后，人们决定使用德国马克。因此，到处流动的美元不受欢迎了，流回到美国。现在，高能货币供给由两部分组成：来自美联储的高能货币和海外流动的多余高能货币。在我看来，在卡特政府期间，这些多余的高能货币成为活跃的货币供给的一部分，并助长了卡特时期的通货膨胀。

里根总统当选后，苏黎世的银行家们相信里根是务实的，可以相信他说的话，所以他们用美元取代了德国马克。他们从活跃的货币供给中支取的金额大于他们存入的金额，从而造成了经济衰退。我认为，美联储应该采取行动来吸收这些多余的高能货币。我曾与美联储主席艾伦·格林斯潘（Alan Greenspan）进行过一次对话，我问他美联储是否认为期债的一部分是观察人们对货币余额的需求如何变化。他的回答是肯定的，但这项工作比它看起来要难得多。

第7章 拉丁美洲的货币稳定是否可能？

主持人：迈克尔·康诺利

本次会议的主题是货币稳定与经济增长，我将在规则与自由裁量权的背景下讨论货币稳定问题，特别是我将目标的概念定义为，包括名义目标和实际目标。让我从一个基本原则开始吧。如果你想要货币稳定，那么你应该以名义变量作为目标。例如，你可以制定以价格水平为目标的货币增长规则；或者，你也可以确定一个固定汇率锚，让你的货币保持稳定。现在，实际汇率，即贸易品相对于非贸易品的价格是一种实际变量。正如哈伯格教授在"兰德尔·欣肖纪念讲座"中正确指出的那样，实际汇率是内生的。因此，如果你要改变实际汇率，就必须通过关税或资本税等实际工具来实现。

我偏好于从劳动力市场的角度来观察实际汇率问题。阿诺德·哈伯格讲座后出现的主要问题之一是巴西货币贬值对阿根廷实际汇率的影响。正如你们所知，在 1999 年 1 月，巴西雷亚尔兑美元汇率贬值了 50%，巴西雷亚尔兑阿根廷比索汇率也贬值了，导致巴西和阿根廷两个主要贸易伙伴之间的实际汇率大幅上升，但没有相应的实际工具来抵消阿根廷比索兑巴西雷亚尔汇率实际升值的影响。之所以没有相应的实际工具，是因为两国同处南方共同市场这样的关税联盟，关税联盟的规则是不允许征收关税，所以阿根廷当局不可能对巴西商品提高关税。现在，阿根廷总统卡洛斯·梅内姆的政府有时会抵制这一规则，并征收6％所谓的统计税。这一直是在南方共同市场内部引起巨大争议的根源，但阿根廷政府一直试图对巴西的进口商品征收关税，主要是征收所谓领事税或统计税。然而巴西政府拒绝了这些税收。在这种情况下，阿根廷和巴西无法在双边基础上使用实际工具调整两国的实际汇率。

让我来讨论一下失业问题。阿根廷比索的实际升值导致了实际工资的上升，也可能造成了阿诺德·哈伯格在讲座中提到的失业率上升。在图 7.1 中，我们考虑劳动力的供给和需求情况。我用 W 来表示名义工资，并乘以 $(1-t)$，其中 t 代表雇佣劳动力的税收，比如说工资税。分母是价格水平 P，例如阿根廷的价格水平。因此，$W(1-t)/P$ 表示税后的实际工资。现在，价格水平 P 是贸易品和非贸易品的加权平均值。因此，我们用汇率 E 表示比索兑雷亚尔的汇率，乘以贸易品价格 P_t，然后添加变量关税 $(1+\tau)$，再考虑非贸易品价格 P_{nt}。所以，比索兑雷亚尔汇率乘以贸易品价格 P_t，然后乘以关税 $(1+\tau)$，再乘以权重 α，这就是阿根廷价格指数中的贸易品权重。然后，我们用权重 $(1-\alpha)$ 乘以非贸易品价格。由此，可以得到阿根廷价格水平 $P=\alpha E(1+\tau)P_t+(1-\alpha)P_{nt}$。

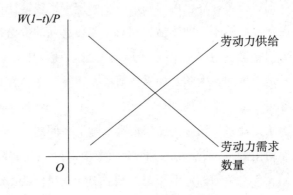

图 7.1　就业与价格

在阿根廷固定汇率的案例中，E 固定在美元上。随着雷亚尔兑美元汇率实际贬值，比索兑雷亚尔汇率下跌 50％，所以 P 下降，实际工资上升了。政策制定者面临的问题是，是否有工具来抵消实际工资的上涨，这在一定程度上是造成高失业率的原因。阿根廷的失业率一度超过18%。阿根廷比索之所以无法贬值，是因为 E 是由阿根廷货币局固定的。阿根廷不能双边提高关税，而关税是调整实际汇率的一种实际工具。但这不是一种政策工具，因为阿根廷和巴西同处于南方共同市场中。因此，有两种方法可以降低实际工资和减少失业率：要么减少分子，要么增加分母。如果名义工资是固定的，那么降低净工资的唯一途径就是增加工资税，这是降低实际工资的工具。或者，增加分母会导致失业率下降，例如货币贬值会降低实际工资。对于大多数已经发生的实际贬值，特别是在汇率超调的情况下，实际工资往往会急剧下降。

我认为，这是选择政策清理劳动力市场面临的基本困难。要么通过增加工资税等实际工具来降低实际工资，要么通过名义汇率来降低实际工资。我更倾向于通过根本的、实际的改革做到这一点，而不是使用名义工具来调整实际变量。这是一个重点。使用名义工具来调整实际工资面临的问题之一是，它可能会产生其他意想不到的后果，因为货币的意外贬值可能会给银行体系造成相当大的财务困境。

假设一家银行向国外借款，它就会有美元负债。如果汇率与预期汇率之间没有偏差，就不会发生意外的利润或损失。然而，如果出现意外的大幅贬值，空头头寸就会转化为巨大的损失。如果银行体系有美元负债，就很容易受到汇率意外贬值的影响。如果银行通过做多美元进行对冲，贬值就意味着银行将从它们的美元贷款中获得巨大收益。然而，当出现货币意外贬值时，以墨西哥比索计算的美元债务和偿债额将会上升。例如，如果向墨西哥货运公司或运输公司提供美元贷款，该公司使用美元购买进口运输设备，但其收入仍然以比索计算，如果墨西哥比索贬值，该公司很可能会拖欠这笔美元贷款。

这里需要指出的是，即使银行体系试图通过发放贷款来对冲风险，除非银行借款人拥有美元收入，否则他们也会面临风险，银行借款人就会有拖欠这些贷款的倾向。因此，通过大幅贬值调整名义汇率再来调整实际汇率，会产生一个意外的副作用，即会给金融体系带来巨大的压力。从本质上讲，墨西哥金融体系是做空美元和做多比索。这通常会产生一种意外的、非常令人不安的副作用，即积极使用名义变量来确定实际汇率。我倾向于使用名义目标来稳定货币，我也倾向于同意那些认为确实存在"两极选择"的观点，要么在财政平衡和货币规则的情况下选择自由浮动汇率制度，要么在财政平衡的情况下通过货币局或美元化等方式实行严格固定汇率制度，但这些名义规则应该被用来实现货币稳定。

讨 论

保罗·J. 扎克：出于几个原因，我对在货币贬值后利用税收作为增加就业的工具持怀疑态度。我认为，您的分析存在部分均衡偏差，这涉及政府预算约束，货币贬值期间财政收入可能会下降。减税会进一步增加财政收入的压力，所以税收是一种相当迟钝的政策工具。还有几个更深层次的问题需要解决：冲击的来源是什么？是否存在汇率超调？冲击对经济会产生多大的不确定影响？在选择应对经济冲击的政策时，这些都是相关的问题。

克里斯托弗·约翰逊：我想提另一个问题，因为我一直在等待迈克尔的演讲中出现一个术语，但我没有听到，这个术语是"生产率"。大家可以参考的例子不胜枚举，如日本、英国和意大利。在这些国家中，由于不同的原因，它们的汇率被高估，贸易品行业的直接反应就是生产率的大幅提高。事实上，在某些情况下，汇率高估被视为对提高经济效率的一种有益的激励。在迈克尔介绍的阿根廷案例中，我想知道阿根廷的贸易品行业是否被迫提高了生产率？此外，生产率较低的工人被解雇，会导致更高的失业率。从长期来看，失业会自我纠正，失业工人的生产率与留用工人的生产率一样高，因为发展创造了就业。考虑到劳动力生产率更高，负面冲击将会鼓励国内外企业投资。我很想知道，这是否是拉丁美洲国家经验的一部分。

罗伯特·A. 蒙代尔：在我看来，实际汇率经济学是经济理论研究中最为薄弱的领域之一，我将通过人们对它的使用来说明这一点，实际汇率经济学不一定是在国际贸易领域中使用，而是在国际贸易专业之外的其他领域如金融中使用。上周，我参加了一个金融研讨会，有位年轻人在理论方面做得很好，他通过利用所有最新的金融技术来计算投资率。他在模型中将一个国家（如日本）的收益率与美国进行比较，其中一个比较因素是实际汇率。他强调他对实际汇率的计算以及如何将实际汇率纳入模型，但随后他说他并没有发现实际汇率与收益率之间的任何经验关系，也就是说，实际汇率并没有提供任何有关收益率的信息。我告诉他，他不应该为此感到失望，而是应该高兴，因为如果他得到了一个明确的结果，我会认为他的工作非常可疑。

迈克尔·康诺利和阿诺德·哈伯格在"兰德尔·欣肖讲座"（第6章）的演讲中都指出了实际汇率与利率不相关的原因。实际汇率的变化无论是由供给变化还是需求变化所引起，两者之间都存在巨大的差异。生产率的大幅提高或对需求（比如对日本商品）的大幅增加都会导致实际汇率的上升，因为收入增加了。相反，工资成本上升会导致实际汇率下降。经济学家不可避免地要做一项艰苦工作，将分析纳入模型，然后得出关于导致实际汇率变化的机制的影响。汇率的变化可能是由很多因素引起的。当然，最重要的影响因素是生产率变化。国际商品相对于国内商品的生产率差异是导致实际汇率波动的一个非常重要的原因。实际汇率波动也可能是由名义汇率不稳定的暂时变化引起的，因为我们知道短期内名义汇率和实际汇率至少是高度相关的。实际汇率波动也可能受到以下因素的影响：强大的工会可以迫使一个国家退出市场，导致实际工资上涨。但只有在这种情况下，人们才可以提出这样的论点，即应该用名义汇率的变化来抵消实际工资率的变化。如果人们相信货币贬值是刺激产出扩张的正确政策，那么这就是凯恩斯主义的观点。

我开始相信，在很大程度上，汇率变化是问题所在而不是解决方案。人们经常可以观察到，实际汇率会突然发生巨大变化，我们知道这不是最优的，因为根据一价定律，如同贸易条件一样，实际汇率反映了长期生产率的变化。实际汇率大幅波动会导致错误定价，从而引发一系列导致通货膨胀的因素。但我想说的主要观点是，拉丁美洲的实际汇率

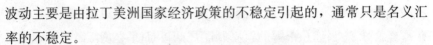

波动主要是由拉丁美洲国家经济政策的不稳定引起的，通常只是名义汇率的不稳定。

这应该与以前就存在的欧洲汇率机制领域内缺乏实际汇率经济学讨论形成对比。在奥地利和荷兰，人们不会听到他们的货币与德国马克挂钩，以及他们的货币实际汇率相对于德国马克上升，因此奥地利和荷兰需要改变汇率。在货币稳定的框架下，人们从来没有听过这种说法。实际汇率波动是一个大问题，主要是由货币不稳定造成的，而货币不稳定会导致名义汇率的不稳定。

克里斯托弗·约翰逊： 在欧洲，我们讨论的不是汇率而是竞争力。这只是对同一件事物的另一种说法。

阿诺德·哈伯格： 让我试着回答罗伯特·A. 蒙代尔刚才说的话，再回到迈克尔演讲中提到的几个要点。罗伯特说，实际汇率理论是经济学中最薄弱的领域之一，我既感到困惑又表示赞同。我对此表示赞同，是因为当我还是学生的时候，实际汇率经济学基本上还不存在，它是在最近几十年才形成的。我赞同的是，在这些文献中，人们使用了 20 种实际汇率的定义。换句话说，他们要求实际汇率作为一种概念，却包含许多不同的含义，这完全是混乱不堪的。国际货币基金组织出版的《国际金融统计》（*International Finance Statistics*）给出了 6 种不同的实际汇率定义，在我看来，没有一种定义是正确的。那么，什么样的定义才算是正确的呢？这就是我在讲座中讨论过的那个定义，即实际汇率必须被视为国际贸易的基本均衡变量，我们不能使用一个不这样界定的实际汇率定义，因为实际汇率必须是贸易品相对于非贸易品的价格。

就汇率制度而言，我们在这个会议室内有一场不太微妙的意志之争，我希望让大家知道，我既不反对欧洲货币联盟，也不反对加拿大和美国一起建立货币联盟。我看到了许多不同的汇率制度在不同国家长期取得成功的案例，我认为，我们不应该贬低不同的制度，但应该认识到，朝着美元化方向发展需要做许多准备工作。一个外汇储备为零的国家除了实行浮动汇率制度外别无选择。一个外汇储备非常少的国家也许可以实行"肮脏"的浮动汇率制度（即有管理的浮动汇率制度），但不会很"肮脏"。当你在不同的汇率制度之间寻找时，你会找到固定汇率制度，但固定汇率制度需要大量的外汇储备，货币局制度需要更多的外汇储备，完全美元化也需要更多的外汇储备。

我想到了一个国家。如果一个国家希望美元化，世界上大多数贫困国家将不得不花费一代人的时间来建立它们所需的外汇储备。正如我所说的，有很多好的制度可以让这些国家的经济运行良好，我们不应该把偶像放在神坛上，认为只有一条路可以走。例如，在一个完全美元化的世界中，没有本国货币可用来处理冲击，当负面冲击出现时会发生什么？我将告诉你们会发生什么。因为在过去十年中，我们在阿根廷看到了这种情况，阿根廷各省都发行了自己的货币。我用不到 1 便士的价格购买了数千奥斯特拉元（austral），这种货币由阿根廷的图库曼省发行，可以用来偿还债务。奥斯特拉元在图库曼省内流通基本上是平价的，因为它可以用来交税。但在图库曼省以外的地方，它却以不同的折价出售。在大萧条时期的美国，各个州和各个城市都发行过货币。这是一种方法，在没有固定汇率的情况下，货币仍然可以贬值。

正如迈克尔指出的那样，在针对有美元债务银行的银行立法或监管规则问题上，有一项要求是，如果一家银行以美元借款，那么该银行就必须用美元放贷。当银行用美元贷款给那些收入为比索或印度尼西亚盾的人时，麻烦就会出现。如果由我来制定银行监管条例，我肯定会对任何此类贷款处以罚款，而且我还会实施严格的监督，以确保美元贷款发放给那些有美元收入用于偿还贷款的经济实体。在我看来，这种立法将使遭受这一问题困扰的国家免受影响。

在影响实际汇率的工具问题上，迈克尔没有提到冲销干预。我想指出的是，冲销干预是一种实际工具。美元是一种实际资产，因此冲销干预可能有效、半有效或无效，这取决于我在"兰德尔·欣肖讲座"（第6 章）中所讨论的内容，即世界金融界对一国货币当局信用的信任程度。如果世界金融界对一个国家不感兴趣，开展冲销干预就容易起效。如果世界金融界喜欢你，你把钱放到国外，这些钱又会回流，这就是你遇到麻烦的地方。因此，执行冲销干预的能力取决于世界金融界对一个国家感兴趣的程度。

罗伯特·A. 蒙代尔：阿诺德谈到的阿根廷图库曼省的问题在美国也存在，不仅仅是 20 世纪 30 年代，目前也依然存在。去年夏天，我读到一篇文章，内容是关于新英格兰地区的许多社区都在发行自己的票据。这就是获取铸币税的一种诱惑。如果当地社区可以发行由市长盖章并且当地人也接受作为流通工具的票据，那么他们就可以节省使用包括美元在内的"外部"货币。这是一个在所有货币区都在进行的过程，我认为一旦欧元流通，这个过程也将给欧洲带来麻烦。例如，意大利人会想方设法来节省使用欧元，因为从他们的角度来看，欧元是一种外部货币。我以为，当阿诺德开始谈论图库曼的时候，他会进一步讨论实际汇率，并说图库曼省应该拥有一种与阿根廷其他地区不同的货币，然后可以让其发行的货币贬值。但是，您没有遵循这样的分析思路，所以我假设您也不会把您应用于阿根廷的论点扩展到阿根廷境内的不同地区。

罗伯特·巴特利：在 20 世纪 70 年代末的某个时候，我和一位经验丰富的银行家坐在一起，他后来是世界上最著名的银行负责人之一，我们开始讨论这些问题。他说，他认为"实际"利率就是名义利率。从那以后，我不再使用"实际"这个词，因为它既可以表达实际的意思，也可以表示经过通货膨胀调整的意思。我对实际汇率的说法有点不解，因为实际汇率就是根据通货膨胀调整后的汇率，但汇率的变化会影响通货膨胀。在我看来，货币贬值也会引起通货膨胀，这是一个分子和分母的问题，它们是相互依存的。真正困扰我的是，这在实践中以一种相当简单的方式被滥用了。如果从某个基准年开始，一个国家的通货膨胀率比其贸易伙伴高了 20%，那么该国就有权让本国货币贬值 20%。政策制定者通常是这样应用这一概念的。这不是我们要讨论的内容，但政策制定者的这种行为很麻烦。我想问阿诺德，您将实际汇率定义为国际贸易中的基本均衡变量，那么实际汇率与贸易条件之间的区别是什么？

阿诺德·哈伯格： 教科书中对实际汇率的定义与一个价格水平稳定、汇率灵活的国家非常接近。在这种情况下，实际汇率会适应供给或需求的扰动。随着对进口产品征收关税、对出口产品提供补贴、资本流入并用于贸易品和非贸易品或在生产出口和进口商品时提高生产率，对于每一种干扰，我们都可以找出它是如何改变供需关系的，以及汇率波动是如何达到均衡的。我陈述这些问题的方式是保持国内价格水平不变，因此所有的调整都是通过汇率进行的。而镜像分析假设汇率是固定的，并且发生了同样的干扰。以实际价格衡量，达到同样均衡的方式是通过国内价格水平的反向变动，这就是为什么比率 $E'=E/P$ 是国际贸易中的实际均衡变量。在固定汇率的情况下，经济也会适应这些干扰，但这是通过改变这个比率中的分母（价格水平，P）而不是分子（名义汇率，E）实现的。这就是均衡变量的基本情况。

贸易条件是另一种干扰因素，因此，如果你的出口价格在国际市场中上涨，那么大量美元就会涌入，增加外汇供应，导致美元的实际价格下降。在固定汇率的情况下，同样的调整是通过国内价格水平上升实现的。如果一个实行固定汇率制度的国家（如巴西或哥伦比亚）出现咖啡繁荣，将导致美元流入和货币扩张，美元不断进入，那么何时才能达到新的均衡？当有足够的需求进口或其他出口供应减少时，咖啡价格上涨带来的美元流入就不会增加中央银行的外汇储备，也不会导致进一步的货币扩张。这就产生了一个与贸易条件变化相对应的新的均衡价格水平。

罗伯托·萨利纳斯-利昂： 继阿诺德·哈伯格的评论之后，我想回到对货币制度改革的条件上来。关于货币改革（如美元化）这个有争议的话题，我不认为这是解决所有问题的灵丹妙药。同样，那些努力推销北美自由贸易协定的人也从未宣布过北美自由贸易协定是解决所有经济问题的方案。这些都是重要的改革，但如果要实施这些改革，必须满足一系列条件。我很想知道，我们是否可以列出一份清单。

阿诺德，您提到一个国家必须具有足够的外汇储备。昨天，您提到的其他问题包括银行体系的健康状况、产权执法和财政责任。达拉斯联邦储备银行最近提出了一套有效美元化的指导方针，其中包括纪律严明的财政政策、公共债务的长期结构、健全的银行体系、增强公众信心的金融监管、有效界定和执行的产权、普遍接受的会计原则、可信的公共养老金计划、市场经济、自由贸易、私有化、适度监管和宪政民主等。我想在这里附上一句"尽善尽美"会很有意思。

这份清单的重点在于，在墨西哥和拉丁美洲，许多人质疑，一旦我们满足了这些条件，有关美元化的辩论是否真的会失去动力？讨论汇率制度转变的可行性是否仍然有意义？我个人的观点是，争辩仍然存在，特别是在一些经济记录欠佳的国家。我想到了阿根廷，但同样的情况也适用于墨西哥。不管怎样，这让我想到了另一个问题。加州大学伯克利分校经济学家巴里·艾肯格林（Barry Eichengreen）和国际开发银行首席经济学家里卡多·豪斯曼（Ricardo Hausmann）最近的研究认为，在美元化的情况下，国家失去了吸收外部冲击的货币锚。目前尚不清楚，这一损失是否超过抵消了罗伯特·A. 蒙代尔提到的在整个拉丁美洲都存在的那种巨大内部货币管理不善所带来的好处。根据豪斯曼和艾肯格林的研究，20世纪90年代拉丁美洲实行浮动汇率制国家的平均实际利率为9%，而同期拉丁美洲实行固定汇率制国家的平均实际利率为5%。我认为，这揭示了货币可信度的问题。

迈克尔·康诺利：我同意保罗·J. 扎克的观点，那就是税制改革和减少社会保障税确实可能会减少税收。因此，当使用税收作为实际政策工具时，会对财政方面产生影响。我认为，这是一个重要的观点。我说的是要削减雇主支付的实际工资，但雇员收到的税后或缴纳社会保障税后的工资实际上是增加的。劳动力市场进行根本性改革的理念是削减雇主支付的税收楔子，这事实上会提高雇员的税后实际工资，因此也会增加就业。所以，这项政策既减少了失业补偿，又降低了政府支出。我的分析基于一种供给侧效应，即拉弗曲线。因为阿根廷是南美洲税收最重的经济体之一。正如罗伯特·A. 蒙代尔昨天指出的那样，阿根廷人有欧洲水平的社会保障项目和税收来支持他们，所以这一点很好理解。我认为，降低社会保障税和工资税会产生强大的供给侧效应，因此税基会上升。正如克里斯托弗·约翰逊所言,生产率是经济增长的关键,在货币局制度下,由于阿根廷已实行全面改革,所以阿根廷的生产率也在上升。

我有一篇文章列出了阿根廷政府制定的大约 100 项改革,包括放松对港口和贸易品部门的管制、取消贸易配额以及许可证改革等。因此,在放松管制的支持下,阿根廷对贸易品部门进行了根本性改革,这在一定程度上支持了阿诺德·哈伯格指出的 1991—1995 年期间阿根廷实际汇率的大幅升值。有人可能会说,由于这些根本性的改革和贸易品部门生产率的提高,实际升值不一定意味着汇率不需要像阿诺德提到的那样贬值;这可能只是实际汇率的均衡升值。1991—1996 年期间,阿根廷实际 GDP 大幅增长。在可兑换计划实施后,阿根廷实际 GDP 立即以8%的实际增长率增长,贸易品部门的生产率增长尤为重要。

要回答罗伯特·巴特利的问题,需要了解贸易条件是出口商品价格除以进口商品价格,而实际汇率是贸易品价格除以非贸易品价格。所以,贸易条件和实际汇率是有区别的,我认为给出它们各自的定义是很有用的。罗伯特·A. 蒙代尔的观点是,得克萨斯州在 20 世纪 80 年代中期经历了一次相当大的调整,以适应石油价格下降,此后还会不时发生这种情况。得克萨斯州的经济一直是一种繁荣和萧条交替循环的资源型经济,但这种调整是通过劳动力流动和资本流动实现的,而不是通过货币发行或汇率贬值实现的。在拉丁美洲国家建立货币联盟的情况下,对冲击的调整将类似于得克萨斯州的方式,而不会出现汇率贬值的可能。

杰弗里·弗兰克尔:我想问听众一个问题,在大家参加会议之前,每个人可能对实际汇率多少有些了解,但现在有多少人比来之前更加困惑不已?每个人都同意,在分子中有名义汇率,在给定的世界价格下,名义汇率将是为进口商品支付的价格。争论的焦点是用什么来进行平减。有两种不同的观点:一种观点认为,应该通过非贸易品价格(非国际贸易商品价格)进行平减;另一种观点认为,应该通过衡量整个价格水平进行平减。由于两个原因,这种分歧引起了太多的争论。在实践中很难区分两者。阿诺德·哈伯格在这方面做了很多研究，我想他会同意，当我们深入到细节的时候，实际上很难确定哪些行业没有国际贸易，哪些行业有国际贸易，也很难衡量每个行业的价格。在实践中，我们使用代理，这没有太大的区别。事实上，每个行业至少都有一些国际贸易和一些非国际贸易，所以我们对这个问题有些小题大做了。另外，这两种定义都被广泛使用，如果有人说他的定义是正确的，而其他人的定义是错误的，那就过于武断了。这两个定义被广泛使用，我们必须承认这一事实，否则我们都会感到非常困惑。

对于小型开放经济体和欠发达经济体来说，国内贸易品价格往往会迅速调整，这是事实。这里之所以有一种意识形态冲突的意义，是因为它包含了一些重要的东西。有一种假设认为，当一个国家货币贬值时，所有国际贸易品价格都会立即按比例上涨。如果这是真的，那么我们讨论实际汇率而不是贸易条件就没有意义了，除非你明确指出实际汇率由非贸易品价格决定。这对小型开放经济体是有用的，因为贸易品价格确实会上升。但对任何经济体来说，所有贸易品价格都会立即按比例上涨，这不是事实，因此名义贬值没有任何实际影响。这确实是不正确的。当你查看数据时，这一点非常清楚。这是一种实用的简化方法，我把它告诉我的学生。对于小型开放发展中国家，我们可以使用有关非贸易品的实际汇率定义。但如果说这是关于实际汇率的全部含义，那就有些言过其实了。

福斯托·阿尔扎蒂：我想把讨论拉回到拉丁美洲的背景下，让我向你们提供一些与这次讨论有关的事实。在最近的研究中，我选取包括美国、日本、印度尼西亚、西班牙、意大利、巴西、阿根廷和智利在内的一些国家作为样本，我试图弄清过去一百多年的时间里，人均 GDP 的增长率是否趋于一致。令人惊讶的是，1895—1994 年，唯一没有表现出与美国人均 GDP 水平长期趋同的样本国家就是拉丁美洲国家。我想知道为什么，所以我检验了更多的数据，结果发现，在过去一百多年间，拉丁美洲国家的实际汇率波动最大。

这告诉了我们什么？我们不讨论荷兰或奥地利的实际汇率，这让我想起了阿尔伯特·赫希曼（Albert Hirschman），他在 1968 年发表了一篇出色的论文，题为《拉丁美洲进口替代工业化的政治经济学》（The Political Economy of Import-Substituting Industrialization in Latin A-merican, *Quarterly Journal of Economy*，February）。在这篇论文中，赫希曼证明了宏观经济政策并不是凭空制定的。他非常清楚地表明，宏观政策决定受到特定既得利益的影响。我提到这一点，是为了回到从长期看哪种货币制度更好的讨论上来。如果价格是资源分配的信号，那么我认为，一个自由裁量权更少、规则更多的制度比一个自由裁量权更多的制度好。

斯文·阿恩特：罗伯特·A. 蒙代尔建议用两分钟时间来总结一下他对我们在实际汇率与货币稳定和经济增长之间的关系方面所取得的讨论成果的看法。他将首先向我们展示他的看法，然后我会邀请任何想要参与的人发言。

罗伯特·A. 蒙代尔：首先，我要说的是，我与阿诺德·哈伯格进行了关于如何检验"名义汇率变化是不稳定的根源，而不是缓解不稳定的实际汇率的必要调整"这个命题的小范围持续讨论。我的观点是——我还没有检验过这个观点——如果以墨西哥实行固定汇率的时期（1954—1976 年）为例，其实际汇率波动比 1976 年之后要小，当时墨西哥采取了一系列不同的折中汇率制度，如浮动汇率、可调整的钉住汇率等制度。

我想说的第二点是，区分影响实际汇率变化的原因非常重要。如果实际汇率的变化是由技术发展或生产率变化引起的，那么这些变化都是可取的。我从未听说过有任何合理的论据表明，对这些因素来说，汇率变化必然是实现政策目标的最佳方式。在中国香港和日本的货币体系之间进行选择，即日本允许日元升值，中国香港采取固定汇率并实现实际升值，就必须了解技术变革的作用。例如，在实施稳定计划之后，当工资过高时，实际汇率就会发生变化。问题是，这是货币贬值的好理由吗？我认同凯恩斯主义短期理论的观点，认为货币贬值是抵消实际汇率不利变化的一种好办法。但从长期来看，这项政策是要付出代价的。从长远来看，我认为这种做法弊大于利。例如，我认识到，当所有这些南美洲和中美洲国家在20世纪70年代末遇到困难时，在货币经过了五十年的稳定之后，每个国家都有可以让本国货币贬值的理由。人们总是可以为货币贬值寻找理由，但从未来不稳定的角度来看，货币贬值的成本可能超过调整和坚持纪律政策的成本。

赫伯特·格鲁贝尔：我对汇率变化和制度问题有不同的看法。在浮动汇率制度下，政府和社会中的特殊利益集团有可能为了收入分配而产生争执，从而导致资源分配不当，还包括通货膨胀和其他问题。从这个意义上说，汇率是一种安全阀，可以保护这些特殊利益集团不必面对自己行为的后果。当然，这种两难困境在于，当咖啡价格、油价或其他贸易品价格上涨时，汇率也会发生变化。但是，即使在这些情况下，适应这类外部冲击的体系也是汇率制度的内生因素。正如有人所说，如果油价下跌，得克萨斯州将别无选择，只能按实际价格进行调整。如果得克萨斯州有汇率，它就可以通过贬值来推迟实际调整。我认为我们在讨论实际汇率时忽略了这一点。为什么有必要改变名义汇率？为了适应什么？人们强调的重点好像总是有一些来自外部的干扰，但我认为情况正好相反。让我们使用固定汇率，然后迫使内部机制去适应外部干扰。

罗伯特·巴特利：我们从一开始讨论的问题是，当阿根廷与巴西共处一个自由贸易区时，巴西货币大幅贬值，阿根廷会怎么做呢？我们将对这个问题进行实证检验，因为我们要观察阿根廷的做法。基本上，阿根廷也会选择货币贬值，并支付由此产生的所有经济成本，但这将对阿根廷与世界其他国家的贸易和本国公民的生活水平产生相当大的影响，或者导致南方共同市场的解散。我想这是两种选择，由此产生的问题是，如果汇率发生这样的变化，你还能建立自由贸易区吗？我想答案是否定的。

克里斯托弗·约翰逊：我非常赞同罗伯特·A.蒙代尔对固定汇率

制度而不是对浮动汇率制度的偏爱。但正如有人已经指出的那样，为了维持这样一种制度，一个国家需要外汇储备。也就是说，一些国家将需要美国财政部提供外汇储备，这当然是一种政治决定。我记得，有一句话说，"可怜的墨西哥，距离上帝如此之远，距离美国却如此之近"。在试图支持汇率时，后者是一种优势。解决这个问题的方法是建立一个不需要汇率的货币联盟，欧洲的欧元区就是这么做的。

在这个货币联盟中，各国不再需要外汇储备来支持各自的货币，因为各国都没有独立的货币。这将释放外汇储备资源的其他用途。例如，如果欧洲中央银行想要影响美元兑欧元汇率，就需要外汇储备。这并不像听起来那么容易。因为在一个货币联盟中，如果一个地区与其他地区失去平衡，那么这个地区实际上与其他地区之间存在贸易赤字平衡，这就需要银行信贷或政府信贷流向经济表现欠佳的地区。因此，货币联盟需要的不是外汇储备，而是国内货币储备，以支持货币联盟内部的信贷业务。请注意，这些信贷业务不存在汇率风险，因为它们可以在没有单独货币的情况下发生。

罗伯特·所罗门：我所认为的经济学界的主流观点，与我们从罗伯特·A. 蒙代尔、赫伯特·格鲁贝尔和罗伯特·巴特利那里听到的少数派观点形成了对比。大多数经济学家，当然是美国的经济学家，都不赞成固定汇率制。当我稍后讲到"国际货币体系的未来"（第 10 章）时，我将向你们报告由外交关系委员会设立的一个非常杰出的委员会在最近提出的一系列建议。他们的建议与实行固定汇率制度相去甚远。想想1994 年的墨西哥，该国的政策并不完美。1994 年，由于巨额经常账户赤字，墨西哥陷入了严重的困境。很明显，墨西哥的货币被高估了。罗伯特·A. 蒙代尔解释说，货币贬值是必要的。墨西哥财政部长塞拉先生对美国金融机构的解释非常糟糕，并且没有采取适当的宏观稳定政策来支持货币贬值。这是导致危机的原因。罗伯特似乎认为货币贬值是必要的。我想说的是，我认为这是大多数人的观点，而不是我们从这些受人尊敬的先生们那里听到的观点。

阿诺德·哈伯格： 我想提请大家注意两位未能出席本次会议的杰出经济学家的观点。一位是雅各布·维纳（Jacob Viner），另一位是米尔顿·弗里德曼（Milton Friedman）。他们两人都花了很多时间，用他们非常聪慧的头脑来解决这些问题，却得出了相反的结论。所以，这里确实存在着很大的意见分歧。米尔顿是一位自由市场主义者。他反对规则和当局的强制执行。米尔顿认为，固定汇率是一种规则，而浮动汇率才是自由市场价格，应该一直由浮动汇率平衡市场。雅各布·维纳也是一位自由市场主义者，但他不信任货币当局和政治当局。维纳认为，对各国政府来说，采用浮动汇率来追求通货膨胀政策将会有很大的诱惑。我相信他是对的，以浮动汇率推行通货膨胀政策更具诱惑力。为了在这两种汇率制度下拥有一个好的汇率体系，国家需要遵守纪律。但是，当一个国家遵守纪律时，浮动汇率可以更快地适应外部干扰，固定汇率的问题则是会伴随巨大的负面冲击。当存在大的正面冲击、小的正面冲击和小的负面冲击时，固定汇率的记录是很好的。在固定汇率制下，没有人愿意把钱存放在发生内乱的国家，他们都想把钱按固定汇率取出来，固定汇率就会陷入困境。当不可靠的政府掌权并实施糟糕的政策时，也会出现这种情况。

一个国家应该如何应对导致其丧失一半生产能力的自然灾害？如果一个国家很小，还是只有一种产品的出口国，那么该如何应对出口的大幅下降？当该产品的世界价格下降到以前的三分之一水平时，当该国陷入贫困时，会发生什么？在这些情况下，固定汇率制下的调整比浮动汇率制下的调整要痛苦得多，代价也要高昂得多。这些国家正在为此付出代价。如果它们都遵循浮动汇率制度，就像买保险一样，你每年都要为你可能不需要的保险支付费用。因此，在一个有秩序的系统中，灵活费率（罗伯特和其他人提到的费率）是指一份保单的成本，以便一国政府能够真正地处理火灾、地震或任何可能的突发情况。

第 *8* 章　墨西哥的货币政策和经济表现

主持人：朱迪·谢尔顿和埃布尔·贝尔特伦·德尔里奥

朱迪·谢尔顿： 在货币政策方面，墨西哥有着曲折的历史，这反映在墨西哥过去二十年来的低经济增长率上。尽管目前墨西哥的经济状况已经改善了很多，但其信贷市场的运作并不理想。对大多数借款人来说，墨西哥的年利率为 30％ 甚至更高，这显然阻碍了经济增长。开放信贷市场是墨西哥需要解决的货币政策的重要组成部分。

最近，墨西哥在处理货币政策方面进行了重要的改革。例如，墨西哥采取了一项政策，以确保自己能够经受住外部的冲击，包括提前获得价值 240 亿美元的贷款和建立 300 亿美元的外汇储备。然后，随着 2000 年选举年的临近，如果发生类似 1994 年的事件，比如恰帕斯州起义或总统候选人路易斯·唐纳多·科洛西奥（Luis Donaldo Colosio）被恐怖谋杀，这样的压力就可以通过资金处理。这一点至关重要，因为在北美自由贸易协定通过后，墨西哥与美国的经济一体化将使得更多的个人和企业获得美元而不是比索的收入。

获得外汇储备是向货币稳定迈出了很好的第一步，但考虑到墨西哥的货币危机历史，墨西哥货币仍然缺乏可信度。另一项确保货币稳定和刺激经济增长的政策是与美国建立货币联盟，有什么方式可以使之在美国或墨西哥成为一个成功的政治话题？这是罗伯特·A. 蒙代尔提出的观点。我个人的感觉是，在美国，为了稳定和自由贸易的利益，民主党和共和党人可能会支持某种货币联盟或与墨西哥共享货币，但我认为你可以排除来自改革党的支持。现在，在墨西哥，有哪位总统候选人敢将货币改革作为其竞选活动的一部分？或者说，从国家主权和对爱国主义的微妙情绪来看，比索的命运在政治上是否过于敏感了？墨西哥的一些民意调查显示，那些最担心国家主权的人是掌权者本身（政府官员）而不是公民。公民只是想要有用的钱，但我认为所有这些问题都可以展开讨论。

埃布尔·贝尔特伦·德尔里奥：本次会议的主题是货币稳定和经济增长。在墨西哥，我们目前正在寻求稳定，以便重新获得我们需要的经济增长。事实上，总统候选人维森特·福克斯（Vicente Fox）认为，7％的人均 GDP 增长是可持续的，但我对此表示怀疑。为什么呢？因为墨西哥的人口爆炸使我们的人口增长了 5 倍，从 1950 年的 2 000 万人增加到今天的 1 亿人。因此，劳动力市场每年至少要吸收 100 万名新劳动者。而我个人的计算更像是每年要吸收 125 万人，但保守起见，我们还是把新增劳动者人数确定为 100 万人。如果生产率（GDP 除以工人数量）每年以 2.5％的速度增长，这大概是墨西哥的一种发展趋势，并且劳动力的年增长率为 3.5％，产出就需要以每年 10％的速度增长，才能避免收入下降造成社会和政治的不稳定。所以，经济增长与货币稳定一样重要。

请记住，墨西哥在 1955—1975 年期间保持了货币稳定和经济增长，每年经济增长速度介于 5％～6％，通货膨胀率与美国持平，有些年份的通货膨胀率甚至低于美国。这个时期在墨西哥被称为"稳定的发展"。

当时，墨西哥还是一个封闭的经济体，政府是 3 000 多家企业的经营主体。经济增长依赖于政府投资和政府支出，而货币政策不是由中央银行而是由洛斯皮诺斯（总统府）制定的。但自那以后，这个全能政府的传统决定是以每年 7％～8％的经济增长来解决失业问题，将财政赤字货币化，进而导致通货膨胀。然后，每隔六年，在每一任总统任期结束时，我们都会经历一次货币贬值，通货膨胀会快速上升。资产价格每次都在下跌，这种"去资本化"仍在影响着我们的银行。

1985 年，在米格尔·德拉·马德里（Miguel de La Madrid）总统的领导下，墨西哥开始了一场广泛而彻底的改革，如今墨西哥正在寻求稳定。这项改革仍在进行中，但彻底改革了财政体系。以前墨西哥政府的预算赤字为 18%，现在政府的预算赤字只有 1%。现在，我们不再由洛斯皮诺斯而是由中央银行来制定货币政策。墨西哥已不再是一个封闭的经济体，而是加入了北美自由贸易协定，我们现在只有 200 家而不是3 000 家政府企业。因此，墨西哥经济结构发生了巨大的调整。墨西哥经济改革的最后一项内容是实行有管理的浮动汇率制度。

在向稳定过渡的过程中，墨西哥经济没有实现增长，1982—1989年，实际 GDP 保持不变。当然，我们的就业率也没有实现增长。这就是我们拥有如此庞大的非正规经济的原因。墨西哥正处在稳定增长的边缘。自 1992 年以来，包括（1994 年货币危机之后的）1995 年，外国直接投资每年达到 80 亿～120 亿美元。

现在，让我做一些预测。我预计，在本届政府任期内，墨西哥不会放弃浮动汇率制度。我还预计在中长期内会出现一个货币联盟，但请用"阿梅利"而不是"阿梅罗"，赫伯特。最后，我们需要您的帮助。在不引起由失业造成的社会和政治动荡的情况下，一个处于转型期的国家恢复货币稳定的最佳方式是什么？我们可以采取已经讨论过的一些措施来阻止通货膨胀。阿曼多·巴基耶罗评论，他能够阻止中央银行的通货膨胀，但要付出怎样的政治和社会代价？那么，您为什么不帮帮我们，从现在开始，我们应该怎么做，直到我们再次实现一个有着私人市场的开放经济的稳定？我们是否应该像过去相信国家一样去相信市场，并将市场作为一种完美的制度，仿佛它们是由天使而不是人类创造的一样？或者，我们应该认识到，所有的人类制度都是有缺陷的，它们都有自身的病态、缺陷、过度和不足，最终会陷入困境。

讨 论

阿曼多·巴基耶罗：最公平的开始方式是，从政策规划的角度来看，我们可以有把握地假定北美货币联盟不会诞生。也许，下一届墨西哥政府会研究这个问题，然后也会把它搁置一旁。所以，对我这样一个必须对货币稳定和经济增长作出决定的央行行长来说，从短期和中期来看，我可以暂且不考虑这个问题。

既然我们讨论的是墨西哥的货币稳定和经济增长，让我们来看看当前墨西哥经济的处境。我认为，墨西哥将成为拉丁美洲经济增长率最高的国家，这就解决了经济增长问题。在货币稳定方面，除了哥伦比亚和厄瓜多尔外，我们是拉丁美洲通货膨胀率最高的国家之一。但通货膨胀率正在下降，我想以此为起点。今年年初，大多数私人分析师预计墨西哥的通货膨胀率为 17％，而官方的目标是 13％。在这一点上，我们可以很有把握地说，我们将实现 13％ 或更低的通货膨胀率。现在，我并不认为这只是一个正确的货币政策问题。今年有一系列因素（如汇率升值和有利的食品价格）共同促进了通货膨胀的降低。

展望未来，我们必须面对什么？一个棘手的问题就是预期的僵化，也就是政策的可信度。私营部门对通货膨胀的预期并没有像我们所希望的那样进行调整，部分是由于他们过去的经验。获得政策可信度的唯一途径是做一些值得信任的事情。如果中央银行能够在今年实现较低的通货膨胀率目标，并在明年实现更低的通货膨胀率，那么它就可以提高自己的政策可信度。我们最近宣布了明年和中期的通货膨胀目标，我们的目标是明年通货膨胀率达到 10％。这有点雄心勃勃，但有一个非常可靠的假设是——我很抱歉，这让埃布尔失望了——我们的政策是有限制的。这并不意味着我们会保持在这个通货膨胀率水平上，但这意味着一个基本的假设就是我们不会放松货币政策。

在墨西哥，降低利率的方法不是扩大货币供应。墨西哥的经验是，当我们扩大货币供应时，也许利率会短暂下降，但迟早会助长通货膨胀预期，导致利率上升。我不知道在哪种情况下利率（无论是名义利率还是实际利率）较低，并且缺乏稳定性，这正是我们想要达到的目标。我们不仅宣布了明年的通货膨胀率目标，还宣布了一个中期通货膨胀率目标，即把通货膨胀率降低到我们主要贸易伙伴的水平。现在，我们要讨论的是墨西哥与美国和加拿大通货膨胀率趋同的问题。所以，私营代理商对我们的目标有了非常清楚的认识，这在墨西哥非常重要。个人也是首次清楚地知道了中央银行的目标。实现我们的通货膨胀率目标还需要考虑其他因素，特别是健全的公共财政。我们也希望，我们不会遭受大地震或重大的外部冲击。重要的一点是，我们已经表明了我们的政策目标。

现在，我想谈谈朱迪·谢尔顿提出的一些观点。首先，货币是一种减震器吗？它可能是，但还有其他的减震器。其次，货币贬值是一种制胜战略吗？就墨西哥而言，我们并没有将货币贬值作为一种战略。我们之所以贬值，是因为我们不得不贬值，是因为我们用完了最后一美元，而不是把货币贬值作为推动出口增长的一种战略。再次，墨西哥是否在积累外汇储备？是的，我们是在一种自动机制下积累外汇储备。在这种自动机制下，我们在特定情况下购买美元，在特定情况下出售美元，公众都知道这些信息，这是非常透明的。今年我们正在积累的外汇储备可能有 30 亿美元，其中大部分是通过这个自动机制获得的。我不知道外汇储备是否能保护我们免受任何可能的重大事件的影响，但我认为有外汇储备总比没有要好。关于民意调查的问题是，公民想要有用的货币，您是完全正确的。我认为，墨西哥公民想要一种稳定的货币，不管是比索、美元、阿梅罗或其他货币。我的观点是，从民意调查中得到的答案取决于你问了什么问题。如果你走在大街上问人们是否愿意以美元赚取工资，几乎所有人都会说"愿意"。当你问人们是否想以非常低的利率获得抵押贷款时，每个人都会回答"是"。但是，这种民意调查未免过于简单化了。以住房贷款为例，利率相当低。现在，由于贷款风险，那些无法获得比索住房贷款的人依然无法获得美元住房贷款。我认为，如果你的问题措辞恰当，那么我不确定这些所谓的大多数人是否还想要一个完全美元化的经济。

埃布尔·贝尔特伦·德尔里奥： 我只想问阿曼多·巴基耶罗，您是否同意比索从 1996 年到 1998 年底升值了 20% 的这个事实。用 48 小时名义比索汇率除以 GDP 平减指数，得出比索升值了 20%。在 1994—1995 年实际贬值 42% 之后，比索不断升值，你会看到越来越多来自墨西哥华雷斯市的人在美国埃尔帕索市购买车牌。阿曼多，难道试图管理汇率不是货币政策的一部分吗？显然，由于北美自由贸易协定带来了贸易增长，以及其他因素导致外国直接投资流入墨西哥，汇率正在升值。伴随着比索的升值，我们可能无法继续出口并在墨西哥创造更多的就业机会。

福斯托·阿尔扎蒂： 首先，我想祝贺阿曼多·巴基耶罗成为非常专业的中央银行行长。我真的希望墨西哥政府中每个人都能像他在讲话中那样非政治化和专业化。也许最终，当这个国家真正成为一个民主国家，并且拥有一支专业的公务员队伍时，我们会有更多的阿曼多·巴基耶罗。当然，这将使我们的货币政策更加可靠和更少政治化。

现在，我要说两点意见。其中一个问题涉及埃布尔关于市场与国家的问题。我认为，这是一种危险的智力陷阱，因为我反对"市场失灵"总是国家干预的理由的观点。我认为，如果市场存在问题和缺陷，我们首先要做的是努力改善市场。我们要做的第一件事情是纠正市场缺失或所谓市场失灵，而国家干预只能作为最后的手段，但愿只是暂时的手段。国家干预的问题在于它创造了自己的议程，也创造了它自己的既得利益。而且，国家干预总是始于这样一种想法，那就是它不会持续很久，它将是暂时的，但结果却是永久性的。在墨西哥，我们有过这样的经验。每位总统都有他最喜欢的提案，我们仍有很多过去政府遗留下来的庞大臃肿的机构正在占用公共资源，因为我们还没有找到一种政治上可以接受的方式来拆除这些本该存在很短时间的机构。因此，我认为这是一个非常危险的方法，我建议大家要非常小心。

把积累外汇储备作为防范措施能否奏效？我喜欢阿曼多的话，即便积累外汇储备不起作用，也不会有什么坏的影响。我看到的唯一问题是，如果我们所知道的腐败在许多政府领域继续发生，这些人最终希望把他们的不义之财转移到下一届政府手中，这将产生对美元计价资产的巨大需求，而这些资产是外汇储备无法处理的。我希望外汇储备能够满足这种需求，但我不确定。

如果我有机会给总统候选人出谋献策，我会强烈敦促他在货币改革问题上坚定立场。一个人如何以一种没有威胁性的方式向公众传达这个信息，并被理解为是为了公众的利益是政治技巧的问题。如果我们真的相信墨西哥民主，就应该停止低估公众，他们比我们想象的要聪明得多、理性得多。如果我们为他们提供一些选择，他们会明白什么是真正的利害关系。好的政策也是一种好的政治。

最后，我想强调的是，墨西哥汇率和货币不稳定的历史就是这样的，我们这一代墨西哥人很难用一种冷静的、无动于衷的方式去看待这个问题。当我听哈伯格教授在他的"兰德尔·欣肖讲座"（第 6 章）中讨论汇率过度波动和货币贬值时，我在回顾我的人生。我出生于 1953年，18 岁时在瓜纳华托市长办公室谋得一份工作。我曾是这个国家的教育部长，我一生都在工作，我一直没能存下足够的储蓄，以备晚年之需。我每次存钱，货币都会贬值，我的积蓄就会付之东流。我想我们这一代的每个墨西哥人都会有这种感受，我们真的厌倦了，我们希望货币不要贬值。无论需要做什么来阻止货币贬值，我们都会去做。

爱德华多·索霍： 我只想针对瓜纳华托州的经济状况发表一些看法。我想报告一下我们当地企业家对汇率的看法。墨西哥人在过去十年中学到了很多经济学知识，我们的孩子们都知道通货膨胀、货币贬值以及我们在他们那个年龄所不知道的事情。我们的企业家对汇率高估有他们自己的解释，这与成本有关。例如，他们比较在墨西哥生产鞋子的成本和在其他地方生产鞋子的成本，他们现在看到的问题是汇率被高估了。我不知道这是不是真的，但这是他们感受到的。当他们看到汇率被高估时，他们开始把可以投资于生产性资产的资金兑换成美元。这种行为导致了自我实现预言，因为资金从墨西哥撤出，导致货币贬值。即使采用浮动汇率，可投资于生产性资产的资金也会被投资于金融资产或美元。企业家们对浮动汇率的另一个不满之处是汇率的浮动幅度过大，他们无法为未来制订计划。因此，企业家们目前对外汇制度有两种不满：一是他们认为汇率被高估了；二是他们无法进行长期规划，因为浮动汇率变化很大。

罗伯特·A. 蒙代尔：我想问爱德华多一个当地问题，自从白银价格上涨提高了瓜纳华托州的实际汇率以来，瓜纳华托州的情况如何？我想谈的是货币稳定的一般性问题，特别是针对墨西哥的经济形势。首先，墨西哥是否能够达成一种共识，即货币稳定是必要的，而且人们也希望货币稳定。这是第一点，因为如果存在过多分歧，如果人们认为理想的通货膨胀率是目前的 15％或更高，那么就不会形成政治共识来纠正这种分歧。

如果大家一致认为"货币稳定"是值得做的事情，那么我们应该如何定义货币稳定？货币稳定是指 1％、2％、3％或更低的通货膨胀率，还是指其他的东西，或者根据稳定的货币供应量或稳定的汇率来定义？这是三种主要选择。你们知道我对这个问题的看法，对墨西哥来说，最好选择对美元的固定汇率。但是，请不要认为固定汇率适用于每个国家。固定汇率对美国来说并不是一种选择。美国拥有世界上最大的货币区，没有一种货币可以让美元与之固定。对于欧元来说，这个问题不太明确，但我完全理解那些认为欧元应该以通货膨胀率为目标并让欧元自由浮动的观点。

我的观点是，如果一个国家靠近一个拥有稳定货币的大国邻国，那么它将本国货币与大国邻国的货币固定，比自行调整更容易实现货币稳定。墨西哥经济规模约为 5 000 亿美元，美国经济规模为 9 万亿美元，是墨西哥经济规模的 18 倍。这满足了经济规模问题。另外，大国邻国必须是稳定的，而且必须有比本国经济更稳定的记录，否则与大国邻国的货币挂钩就没有任何意义。

20 世纪 80 年代，我曾在乌拉圭待过一段时间，记者们一直问我，乌拉圭是否应该将本国货币与阿根廷的货币挂钩，我回答说不应该。尽管阿根廷是一个大国邻国，但当时它是一个不稳定的大国邻国，乌拉圭只会引入不稳定性，乌拉圭会成为不稳定地区中的一个货币区。

一旦决定追求货币稳定，我们就必须在通货膨胀、货币或汇率目标之间做出选择。我认为，从长期来看，稳定比索兑美元的汇率是墨西哥的最佳政策。那么人们应该通过什么过程来达到这个目标？最终的结果是什么——什么样的固定汇率？在这次会议上，我们讨论了三种解决方案：第一种解决方案是货币联盟。正如赫伯特·格鲁贝尔在他为北美（包括墨西哥）建立货币联盟的案例中雄辩地论述那样，我认为这很理想，但目前还不是墨西哥的选择。也许，在未来十年左右，货币联盟会成为墨西哥的选择。但是，除非我们讨论的货币联盟是以美元为基础，否则我认为对美国来说不具有政治可能性。我也不认为，目前放弃美元选择阿梅罗对世界经济有什么好处。

第二种可能性是美元化。这是一种真实的可能性，但也是一种绝望的可能性。美元化意味着将逐步淘汰墨西哥比索，这是一个政治步骤，我认为墨西哥在政治上很难接受这一点。我并不反对，我只是认为，在墨西哥，人们不会在放弃比索而改用外国货币实现货币稳定的问题上达成共识。

第三种选择是货币局制度。货币局制度限制中央银行只能购买外汇，除非对超额准备金有一些特别规定，且中央银行可以购买一些国内资产。这是一个保证未来所有发行的比索都有美元支持的制度。阿根廷通过其可兑换性法律做到了这一点。货币局有不同的类型，现在不是谈论哪种类型更好的时候，制度必须适合特定的经济体。

阿根廷的解决方案接近于货币局制度。有了货币局制度，该国实现了货币的高度稳定和出口的快速扩张。但也存在一个问题，阿根廷没有严格遵守货币局制度。在整个 20 世纪 90 年代，阿根廷从未真正完全控制其财政状况，外部冲击造成了针对阿根廷比索的投机行为。每当国外发生经济危机时，人们就会对阿根廷货币局的承诺表示怀疑，这导致了阿根廷汇率的大幅波动。

我建议的创新是，做阿根廷货币局所做的一切，如果墨西哥建立货币局，这就可以发挥作用。除此之外，还需要谈判并从美国财政部购买汇率担保，这将避免阿根廷的"梅内姆"问题。

当然，现在我不能代表美国财政部说话，美国不会轻易或迅速地做

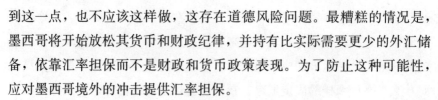

到这一点，也不应该这样做，这存在道德风险问题。最糟糕的情况是，墨西哥将开始放松其货币和财政纪律，并持有比实际需要更少的外汇储备，依靠汇率担保而不是财政和货币政策表现。为了防止这种可能性，应对墨西哥境外的冲击提供汇率担保。

如果不满足先决条件，一个成功的稳定计划也很难奏效。这些先决条件包括平衡的预算、货币政策对国际均衡机制的完全承诺以及整个经济团队的一致支持。

我应该提到的是，美国财政部的担保将为美国开创新的局面，但这早有先例。自1946年以来，法国财政部一直在为非洲金融共同体的法郎地区提供担保。1970年夏天，我在非洲和巴黎为联合国亚洲和远东委员会分析过这一体系。离开时，我对这个体系非常赞赏。非洲的13家中央银行是少数几家货币稳定的中央银行。

但现在，墨西哥如何才能达到可以建立货币局的水平呢？首先，预算稳定是必要的。埃布尔·贝尔特伦·德尔里奥提供的数据显示，1998年墨西哥的预算赤字占GDP的1.2%。墨西哥在预算中有了基本经济盈余，这意味着如果你考虑到相当高的利息支付，如果利率下降，预算就会有盈余。也就是说，你的收入将超过GDP的1.2%，因为你将支付8%或10%而不是15%的利率。

墨西哥必须做的下一件事是降低通货膨胀率。降低通货膨胀率的机制是什么？减少货币供应是一种方法。在讨论通货膨胀率超过50%的欧洲前社会主义国家时，我经常认为，最重要的一步是放慢货币扩张速度，不必担心对价格水平目标进行微调。但是，一旦通胀率降低到比如说15%，那么最好转向通货膨胀目标制。通过这种方式，把通货膨胀率控制在5%以下。然后，你就可以宣布在未来的某个日期将汇率固定。例如，你宣布将在六个月后固定汇率，则货币扩张的速度会继续放缓。1996年墨西哥的货币增长率是40%，1997年是29%，1998年是17%。把通货膨胀率降到5%，然后准备稳定计划。

大约两年后，墨西哥准备宣布在未来某个日期固定汇率。然后，你会遇到决定汇率、避免低估通货膨胀和高估通货紧缩问题。为了防止工资率上涨过快，工会也应该参与讨论。也许，在汇率低估方面犯些小错会更好。

我之前说过，货币局制度可以由猴子来管理。这是因为实行货币局制度不需要自由裁量权，它完全是自动的。但其准备工作需要非常聪明的人或团体，领导力非常重要。阿根廷在建立货币局制度时很幸运，不仅有总统卡洛斯·梅内姆，还有财政部长多明戈·卡瓦洛、中央银行行长罗克·费尔南德斯以及卡洛斯·罗德里格斯等其他经济学家，他们都有博士学位。他们知道应该做什么，而且实施可靠的领导。成功建立货币局制度，需要财政部长和中央银行行长以及所有重要的政治领导人支持该计划。如果有可能，为了避免在选举期间出现投机现象，最好达成一种超越政党的共识。

罗伯托·萨利纳斯-利昂： 朱迪·谢尔顿认为，在未来 3～5 年内，我们将看到北美乃至整个西半球在汇率和货币政策方面作出重大政策决定。我要提醒大家注意，阿诺德·哈伯格在上一节会议结束时提出的一个问题是：在固定汇率制度下，当一国受到重大外部负面冲击时会发生什么？在墨西哥，我们很熟悉这种情况，因为在 1994 年时墨西哥实行固定汇率。1994 年 2 月的基准利率是 9%，尽管发生了恰帕斯起义，国际媒体也有相应的报道，不过，人们对北美自由贸易协定下的资本流入仍然非常乐观，预期也是非常乐观的。1994 年 3 月 23 日，我们遭受了巨大的外部负面冲击，主要政党总统候选人路易斯·唐纳德·科洛西奥遇刺。重温过去是非常有趣的：墨西哥在 1994 年 4 月应该做些什么，可以避免在科洛西奥被暗杀后面临的外汇储备大量流失？正是这类问题使固定汇率成为难题。

朱迪提出的另一个问题是，为了刺激出口增长，我们是否应该将货币贬值或进行汇率调整——罗伯特·A. 蒙代尔将这种操作称为汇率的"小玩意"。我完全同意朱迪的观点，这是一种欺骗行为。但是，我不赞同埃布尔·贝尔特伦·德尔里奥的观点，如果在美国埃尔帕索市的墨西哥车牌数量比在墨西哥华雷斯市的美国车牌数量还要多，我们是否应该降低汇率？这与积累外汇储备的政策有关。但我并不清楚，在浮动汇率制度下积累外汇储备的目的是什么？我提到这个问题的原因在于，1997

年 8 月 1 日，坎比奥斯委员会发布了一份带有墨西哥银行和财政部标识的新闻公报，声明该委员会决定积累和增加外汇储备，"以避免货币的不适当升值可能损害贸易部门的收益"。换句话说，积累和增加外汇储备就是为了提高出口。这让我感到非常不安，因为它发出了一个错误的信号：积累外汇储备的目的真的是为了避免货币升值以提高出口，还是为了达到其他目的？事实上，在我看来，浮动汇率制下进行汇率干预的整个想法似乎毫无意义。

这相当于某种汇率罗宾汉主义，因为这意味着需要降低墨西哥人的工资，以改善那些以美元为收入的人的成本状况。这对我来说并不意外，每次墨西哥汇率大幅贬值，墨西哥就会出现巨额贸易顺差。例如，1994 年货币贬值后，《世界竞争力报告》（World Competitiveness Report）将墨西哥的排名从 59 个国家中的第 7 位下调到 1995 年的第 53 位。那么，货币贬值是真的提高了我们的整体竞争力，还是实际上只是转移财富而不是创造财富——财富从社会的最贫穷部门向较富裕部门转移？这些问题超越了技术性的货币政策范畴，实际上是道德问题。我们是否陷入了法国经济学家弗雷德里克·巴斯夏（Frederic Bastiat）的"破窗谬论"（broken window fallacy）？我们是否陷入了中世纪的治疗方法，即通过让所有的血液流出身体来治疗病人？在这种情况下，是流出经济体。所有的贸易赤字都消失了，但这真的改善了经济体的状况吗？我认为，如果我们要谈论货币稳定，我们就必须从一个前提开始，那就是一个国家不会因为货币贬值而变得强大。

戴维·安德鲁斯：我想回到北美货币联盟的问题上来。在我发言之前，请允许我说，我同意罗伯特·A. 蒙代尔的观点，无论是在政策问题还是在政治问题上，货币联盟都不是一种短期的选择。因为从长远来看，我们都将离开这个世界，我想把目光转向中期的选择，比如说从现在开始的 10～15 年。在会议期间，大家以各种形式提出了这样一个问题：我们从欧洲的经验中可以吸取哪些教训并应用于北美货币联盟？我首先要说的是，这些教训似乎都不太具有建设性。正如罗伯特·所罗门所指出的，欧洲货币一体化是一个非常漫长的过程。自欧洲各国政府正式启动货币一体化项目以来，这一过程已经持续了大约 40 年。我还要指出，欧洲货币联盟的成功在很大程度上依赖于一些特殊情况。在欧洲，区域货币霸主德国致力于政治伙伴关系的原则，并愿意在货币历史上首次放弃一种成功而稳定的货币，以此作为对这一承诺的证明。我认为这些条件在北美地区并不普遍存在。格鲁贝尔教授在演讲（第 5 章）中总结道，北美货币联盟的最大障碍是美国的冷漠。我认为，这是一个相当保守的说法，美国对北美货币联盟甚至怀有敌意。

但是，我不想仅仅描绘一幅充满悲观和厄运的画面，而是想提出一些可以吸取的建设性教训，以便在中期内改变北美货币联盟的力量格局。让我从欧洲的经验中提出三点建议：第一，视危机为机遇。1968—1969 年期间，法国法郎和德国马克之间出现汇率危机后，欧洲开始了货币统一计划。正是这场危机后不久，在 1969 年的海牙首脑峰会上，欧洲各国政府首次宣布了迈向货币统一的意图。同样，在 1987 年欧洲货币的重新调整非常令人不满意之后，各国中央银行行长提出了巴塞尔改革，对货币体系进行了技术改革，为最终形成德洛尔委员会报告奠定了基础。德洛尔委员会报告调查了各国政府对不满意状况的政治反应。在北美的背景下，我们怎么能让美国人和墨西哥人对汇率调整同样不满意？在我看来，这是关键点。

第二，依赖比索汇率稳定的美国选民人数的发展。在很大程度上，北美自由贸易协定将达到这一目的：与单一货币具有利害关系的选民会越来越多。不适当地使用国家干预汇率的手段会动员选民。欧洲的共同农业文化政策在欧洲发展了大批对汇率稳定感兴趣的政治选民。在北美，类似的计划是否可能有助于发展美国选民支持比索汇率稳定？

第三，最后一点建议也是最具争议的，那就是货币联盟与其他问题联系的重要性。在欧洲，1969 年和 1987 年转向货币联盟与这一经济问题和其他问题之间的联系有关，尤其是与德国的政策重点有关。1969年，德国在其"东方政策"的背景下提出牺牲德国马克，以向西欧其他国家保证德国不会转向东方。同样，1989 年，在德国统一的背景下，德国总理赫尔穆特·科尔向西欧伙伴国提供了本质上相同的协议。

我们必须创造性地思考美国和墨西哥政府之间可能达成什么样的协

议，才能让美国政府有兴趣接受一个正式的货币联盟安排。让我提出一个有争议的论述，美国无法从一个超国家的货币机构中再次立即获得好处。例如，美国可以从超国家的缉毒部队中获得很多好处。现在，这两个问题可以联系起来吗？是否可以在区域的基础上处理毒品执法问题，以换取在区域基础上处理货币关系？最后，请允许我回应斯文的邀请，提出北美货币单位的新名称，以此结束我的发言。我建议加拿大、美国和墨西哥组成的北美地区货币组织可命名为"NARCO"。

听众提问：我是阿纳瓦克大学的艾萨克·贝拉（Isaac Baila），这是我要提的问题：在讨论中有许多观点相互矛盾。但我想我们都同意通货膨胀阻碍了墨西哥经济增长。正如贝尔特伦先生所说，国家仍然持有企业，其中一家战略性企业是墨西哥石油公司（Pemex）。墨西哥石油公司在墨西哥销售汽油，并拥有垄断地位。在墨西哥，汽油被用来生产许多服务和商品。为什么允许汽油价格不断上涨？为什么要通过垄断失去效率？

保罗·J. 扎克：我想回到经济增长的问题上来。对于第一天出席记者招待会的人来说，这是记者提问的第一个问题：为什么墨西哥不如美国发达？这是一个基本问题。我们在这里已经讨论了很多，我想我将尝试把这个问题归纳为四个关于增长的一般性规则，看看是否能从中得出大多数经济学家都会同意的一些结论。

第一，经济增长的源泉是个人机会；第二，当个人机会增加时，经济增长就会增加；第三，当不稳定性或风险增加时，经济增长就会下降；第四，当制度特别是货币制度稳定和透明时，风险就会下降。这就是本次会议的主题。这就是货币稳定和经济增长之间的联系。

朱迪提到墨西哥的利率是 30%。为什么会这么高呢？这就是风险溢价。与美国银行相比，墨西哥银行的风险溢价非常高，发放贷款的银行必须预测贷款期限内的政策变化。当政策不确定时，银行将不得不收取更高的风险溢价，以确保它们不会亏损。一旦有制度允许这种不稳定性和风险下降，经济就会增长。

这意味着什么？最重要的是，如果你观察亚洲"四小龙"，并将它们与墨西哥进行比较，有两件事是不同的，在亚洲"四小龙"，收入增长更快并且出生率大幅下降。同样的情况也会发生在墨西哥。我个人的研究表明，政治稳定和自由会降低出生率，而政治不稳定则会使出生率提高。问题是人均收入会发生什么变化？我们不仅可以提高收入除以人口的分子，还可以降低分母的增长，从而产生双重效应，使该比率提高。当这种情况发生时，一个国家的经济数据在几年内看起来会好许多。这一切又回到了那些保证中长期稳定的制度上来，包括促进货币稳定的制度，如货币局、美元化或浮动汇率制度，但改革必须在制度层面上进行。货币政策和经济增长之间的联系很简单，但制度建设是困难的。

阿诺德·哈伯格：我将从罗伯托最后两次发言的内容开始。人们从他的第一次发言中很容易理解，固定汇率使一个国家容易受到巨大的负面冲击。他的第二次发言似乎是说各国应该采用固定汇率。这是一个进退两难的选择。我处理这个问题的方法是，如果一个国家存在巨大的负面冲击风险，那么实行浮动汇率的保险政策是值得的。每年以浮动汇率支付费用，可以确保当火灾或地震发生时，一个国家可以通过货币贬值来应对，这将是一个均衡的货币贬值。在负面冲击下，美元的实际均衡价格上升了，货币贬值就是为了达到这个目的。在均衡实际汇率没有改变的情况下，头脑正常的人都不会支持货币贬值。

萨尔瓦多每年从侨民那里获得大约 10 亿美元的收入。自从约有五分之一的萨尔瓦多人去了美国，美元在萨尔瓦多变得非常便宜。因此，农业部门的人过去常常抱怨政府应该让货币贬值，因为他们无法忍受廉价的美元。所以，萨尔瓦多尝试了两次货币贬值。萨尔瓦多先是把汇率提高了一倍，不到 18 个月，价格水平也上涨了一倍。然后，萨尔瓦多再次把汇率提高了一倍多，几年后，价格水平也提高了一倍。为什么会这样？因为萨尔瓦多改变汇率只是个噱头。这就是朱迪所说的那种欺骗行为。但是，如果我们讨论的是维持一个均衡的实际汇率并使其内在地上下波动，我认为浮动汇率还是有用的。

人们应该认识到，那些赞同货币稳定的人不一定会支持固定汇率。美国不是一个固定汇率的国家，但它是一个货币稳定的国家。欧洲国家自 20 世纪 70 年代初以来就没有实行过固定汇率，而它们也是货币稳定的国家。发展中国家也可以使用浮动汇率，并且仍然被认为是货币稳定的国家。

罗伯特·A. 蒙代尔：我认为，阿诺德在这个问题上完全错了。我也注意到罗伯托关于一个国家如何应对冲击的问题。当然，我们都希望各国不要遭遇重大的负面冲击。在 20 世纪 70 年代中期，当墨西哥发现自己坐拥世界上最大的石油储备之一时，它欣喜若狂。墨西哥对这个冲击的反应是采取过度支出的政策。然后，当墨西哥变得比以往任何时候都要富裕十倍时，在实行了 23 年的固定汇率之后，墨西哥转向了一种货币不稳定的计划。

为什么要转向货币不稳定？有很多美国经济学家站出来强烈反对建立欧洲货币的想法，他们讨厌欧洲货币的概念。愿望为思想之父。他们中的许多人在上次博洛尼亚-克莱蒙特会议上曾预言，欧元不会诞生（*Currency Crises，Monetary Union，and the Conduct of Monetary Policy：A Debate Among Leading Economics*，Paul J. Zak，Ed.）。

反对共同货币或固定汇率的主要论据之一是不对称性冲击，即对各国产生不同影响的事件。但我认为，汇率变动不是应对非对称性冲击的最佳方式。

试想一下，当美国遭遇不对称性冲击时会发生什么。1974 年，石油价格飙升了四倍，新英格兰州陷入了近乎萧条的境地。相反，得克萨斯人却成为盛产石油的百万富翁，他们乐见于此。如果新英格兰人拥有一种独立货币，他们可能会选择货币贬值，美国会失去货币的统一，但货币贬值不会创造新的资源。

1985 年，一场石油危机从相反的方向袭来：新英格兰人感到欢欣鼓舞，而得克萨斯州则深陷危机。如果得克萨斯人有一种独立货币，他们也会选择货币贬值。如果这两件事都发生了，最终将导致这两个地区的货币不稳定，整个国家的情况也会更糟糕。没有人会说真正的冲击不会造成很大的伤害。贸易条件冲击会伤害一个国家，但汇率变动对贸易条件没有任何明确的影响。

1974 年，当石油价格上涨了四倍时，意大利人说他们的货币必须贬值。为什么当石油价格上涨了四倍时，还要让货币贬值十倍？货币不稳定并不是一种解决办法。如果一个国家发生了地震，就不会有新的资源通过货币贬值和通货膨胀流入。现在，你可能会辩称，贬值会以不同的方式重新分配负担，因此汇率可以用来重新分配收入。但可以肯定的是，这是在使用错误的工具来重新分配收入。如果收入分配受到严重的冲击，过度贬值也会带来严重的冲击。我们可以从埃布尔·贝尔特伦·德尔里奥提供的数据中看到这种影响。例如，1994 年，墨西哥的实际工资急剧下降，而且一直没有恢复过来。因此，穷人正在承担这一负担。这是一种从经济体的金融部门转移负担的做法，这种做法非常不公平，当出现持续通货膨胀时，金融部门将会受益，因为它可以对冲通货膨胀，但穷人则无法对冲通货膨胀。

罗伯托·萨利纳斯-利昂：需要澄清的一点是，我不是要建议应该如何应对冲击，我认为这对任何类型的汇率制度来讲都是一个极其重要的问题。此外，我确实偏向于固定汇率，我不会隐瞒这一点。但无论是在浮动汇率制度还是在固定汇率制度下，如何应对冲击都是一个重要的问题，即汇率干预是否应该被用来补贴那些赚取美元而不是比索的人，这是朱迪提出的观点。这与如何应对外部冲击这个非常困难的问题完全无关。

现在在墨西哥实行的浮动汇率制度以及达拉斯联邦储备银行倡导的改革下，如果墨西哥拥有严格的财政政策、长期的公共债务结构、安全可靠的银行体系、增强公众信心的金融监督、可强制执行的产权、公认会计原则、货币透明度、基于市场的经济改革、墨西哥石油公司的开放、电力的开放、法治、自由贸易、低通货膨胀和汇率自主权，那么将会发生什么？我认为墨西哥就会有资本流入。这很好，因为财富也会增加。但是，根据埃布尔·贝尔特伦·德尔里奥的公式，美国埃尔帕索市的墨西哥车牌数量要比墨西哥华雷斯城的美国车牌数量多得多。我们是否应该尝试调整汇率，以纠正任何潜在的汇率失衡？还是应该继续沿着这条可能导致每年 7% 或 8% 的稳定增长的道路前进？

赫伯特·格鲁贝尔： 我有两点评论。第一，我要问哈伯格，如果蒙特雷市发生了地震，但墨西哥城没有发生地震，为什么汇率会导致墨西哥城和墨西哥其他运行良好地区的经济失衡？这没有道理。第二，我不赞同传统意义上的固定汇率，我们有一个独立的货币当局，它迟早要放弃固定汇率。在我看来，固定汇率是所有可能性中最糟糕的，因为它倾向于积累不均衡，然后当汇率最终不得不调整时又会面临巨大的冲击。所以，在我看来，罗伯特·A. 蒙代尔和我所讨论的是，我们希望获得固定汇率带来的好处，而不要传统意义上固定汇率所带来的消极后果。因此，我们想要的是各国不能废除的永久承诺，这样就没有贬值的机会。在传统定义下的固定汇率存在贬值的机会。

罗伯特·巴特利： 1976 年，比索汇率是 12.5。1993 年，墨西哥在比索汇率上砍掉了三个零。今天的比索汇率是 9.5，基于旧的基准相当于 1 美元兑换 9 500 比索。因此，自 1976 年以来，墨西哥已经从 12.5 比索兑 1 美元贬值到 9 500 比索兑 1 美元。这就是我们所讨论的贬值幅度。

阿诺德·哈伯格： 我对赫伯特的回答是，蒙特雷的地震并不是重要的外部冲击。一个重要的外部冲击是指，当整个国家劳动力的均衡实际工资（广义上讲）至少下降了 10% 时，你必须尝试将工资也降低到这个水平，或者让货币贬值以避免这种情况发生。

听众提问： 正如贝尔特伦博士在会议开始时指出的那样，墨西哥的经济在增长，但人口增长更快。这意味着人均 GDP 正在下降。所以，我们不能说福利得到了改善。现在，如果按照扎克博士所述，出生率应该下降，那么我们就可以说，这个国家的人均收入在上升。但是，我想引用萨利纳斯-利昂博士所说的，即人均收入增长并不是平均分布的，这个国家的收入分配是倾斜的。研究表明，随着时间的推移，墨西哥收入分配的不平等程度正在加剧。我认为，货币稳定是经济增长的第一步，但只要我们在收入分配方面存在巨大的不平等，就会阻碍墨西哥的经济增长。

听众提问：我是考托莫克·桑切斯（Cauhtomoc Sanchez），我想做一个简短的评论。在一组如此权威的国际货币专家面前，很难发表这样的评论。我认为，货币政策和印钞机根本不会创造价值。因此，在我看来，货币政策问题是一个次要问题，应该作为首要考虑的答案。我与扎克先生的看法有点不同，他说增长的第一步是机会。我觉得更重要的是如何利用这个机会，你需要企业家精神和生产率来创造增长。我认为，在制定货币政策时，应该考虑一个国家的企业家精神和生产率。鉴于生产率和企业家精神不同，各国的货币政策应该有所不同。我在这里一直听到有人主张固定汇率和浮动汇率，但我认为应该在了解经济创造价值的实际能力后才考虑汇率问题，而汇率问题取决于企业家精神和生产率。

保罗·J. 扎克：观众朋友提出的两个观点都很好。我先回答第二个问题。企业家不是被创造出来的，他们已经在那里了。政策为企业家创造了机会。如果你给他们机会，企业家就会涌现。这种情况无处不在。

第一位提问者就收入分配问题提出的观点非常好，我在这个领域做过很多研究工作。收入不平等不仅改变了交易数量，也改变了交易形式。这很重要，但这是二阶效应。如果你能让经济增长，你就可以补偿那些没有从增长中受益的人。一阶效应是促进经济增长。

克里斯托弗·约翰逊：我想回答在座的一位先生提出的问题，因为我认为他提出了一个很重要的观点。如果所有其他事情都是平等的，当然在经济和生活中从来不会发生这种情况，也许每个国家都应该有自己的货币政策，因为各国都有不同的银行传统和货币文化观。但是，例如，在欧洲货币联盟中，各国已经放弃了它们通过拥有独立货币政策和独立货币可能获得的任何优势，而选择了一个单一市场优势。我认为，这与墨西哥和美国极为相关。如果墨西哥采取与美国相同的货币政策，以换取拥有加强版的北美自由贸易协定，墨西哥贸易将大幅增长。自由贸易与真正的共同市场完全不同。

福斯托·阿尔扎蒂：我认为，在这场讨论中存在一个错误的困境，我将试图加以澄清。浮动汇率与固定汇率实际上是在讨论，一方面，我们应该采取自由裁量的政策；另一方面，我们应该对一个目标作出长期的承诺。这不是一个有关浮动汇率或固定汇率的问题，而是有关自由裁量权或规则的问题。归根到底，"竞争性贬值"和提高关税之间有什么区别？我的意思是说，竞争性贬值在某种意义上等同于保护主义。自亚当·斯密（Adam Smith）以来，我们就知道，保护主义始终是维护社会分配安排的一种手段，但它从来不是促进经济增长的一种手段。

我们真正的选择是：是想要一个具有政策选择灵活性的有限经济，还是想要对长期目标作出承诺的规则，为经济主体提供激励，以发展一个灵活、更加多样化和更富有弹性的经济，不仅能够应对短期冲击，而且能够在长期实现创新和增长。从历史上看，现在富裕的国家都是过去承诺建立良好的制度、制定良好的规则和减少自由裁量权的国家。那些贫穷的国家是由于政策制定者掌握了过多的自由裁量权而为创业制造了非常危险环境的国家。这才是真正的选择，而不是浮动汇率制度或固定汇率制度的选择。

阿曼多·巴基耶罗：归根结底，我认为我所说的一切都没有违背讨论的精神。我们想要经济增长和低通货膨胀，这是货币政策的实际应用，也是我们的目标。但是，有些言论让我感到不安。我想说明的一件事是，有人认为汇率被高估了。我们可以说实际汇率升值了，但这并不意味着实际汇率被高估了。如果实际汇率被高估，在浮动汇率体系下，用完美元后再去购买美元，就能解决这一问题。所以，我们并不真的担心实际汇率被高估。如果市场不喜欢目前的实际汇率水平，市场就会纠正它。

其次，我们对外汇市场的干预不是由汇率决定的，而是由法律决定的。控制汇率的中央银行是例外而不是规则。我甚至不认为美联储和德国央行在法律上有权改变汇率。墨西哥央行在这方面也不例外。这真的没有任何区别。一旦汇率制度确定，政策制定者就只能在此范围内操作，政府不会进行干预。墨西哥银行最近宣布在市场上购买美元（下个月的计划将在每月末公布），有时选择权被执行，有时选择权没有被执行。目前最新的购买金额是一个月从市场上买入 2.5 亿美元，而这个市场每天约有 90 亿美元流动。所以，我们谈论的不是大规模干预。

朱迪·谢尔顿：我想对本次会议上提出的一些评论作出回应。首先，巴基耶罗先生，非常感谢您回答我提出的问题。我很感激，我认为您的回答很有帮助。我认为，美国不应该把货币改革强加给邻国。但我确实强烈地感受到，在货币发展的背景下，特别是在西半球，美国领导人确实需要对我们的目标有远见卓识，老布什总统和克林顿总统都支持在 2005 年之前建立美洲自由贸易区。我们谈论的是 27 个国家，这将形成比欧盟更大的一个共同市场的前身，将拥有更高的综合 GDP，当然也将拥有更多的人口。简单地说，我们从欧洲的例子中看到，首先是建立一个共同市场，然后是建立一种共同货币。因此，美国不应该无动于衷。与北美自由贸易协定一样，这是一个超越政府或政党的重大政策问题，这涉及国际货币体系的未来，我们将在闭幕会议上讨论这个问题。最后，我只想提醒大家，尼克松总统时期的美国财政部长约翰·康纳利（John Connally）是个臭名昭著的人物。1971 年，当美国结束布雷顿森林国际货币体系时，他发现自己面对的是我们在欧洲和亚洲的贸易伙伴，其中一些贸易伙伴对国际货币稳定的锚被移除感到相当不安。但康纳利却相当轻率地说："这可能是我们的货币，但这是你们的问题"。我希望，在大约 30 年后的今天，人们的态度会有所改变，也许我们可以传达这样的信息："这可能是我们的货币，但这也是你们的机会"。我希望，我们能够在一个共同的货币体系中发展共同的利益。

第*9*章 日本和东亚的经济政策

主持人：杰弗里·弗兰克尔

在西半球，似乎有形成一个美元集团的趋势，至少是朝着这个方向发展。随着欧元的采用，欧洲显然正在朝着欧元集团的方向发展。如果我们可以讨论亚洲的日元集团，这对世界货币体系的对称性来说是件好事。但我想说的是，这并不是一种真正的趋势。我将讨论四个话题：日元集团、日本和日元兑美元汇率的发展、汇率变动是否导致了1997—1998年的亚洲危机，最后讨论关于"角落假设"的一些思考。

五年前，有人说日元在亚洲正占据上风，或者在这十年的早些时候，认为亚洲正在形成一个日元集团，这是一种相当流行的说法。我查看了很多测试，即使在那时，我认为情况也并非如此。如果我们分析贸易模式，一旦我们根据自然因素进行调整，整个太平洋地区的贸易模式会变得更强大。如果你看看金融的影响，纽约市场利率对亚洲利率的影响要大于东京市场利率对其的影响。再看看货币，即使在亚洲，美元也一直主导着日元。例如，几年前我估计，在那些实行钉住一篮子货币的国家中，美元所占的权重介于80％和90％之间，而日元所占的权重最多为10％。在当时，这似乎是一个惊奇的发现。

今天，我认为更为清楚的是，在亚洲并没有形成一个日元集团。日本长达十年的经济衰退，削弱了一些美国人对日本将超过美国成为头号经济体或货币强国的担忧。不仅仅是货币问题，在 20 世纪 80 年代，很多人都在谈论日本公司和追随其脚步的亚洲是如何找到增长的秘诀，亚洲的价值观与此有关，亚洲金融体系强调银行、关系和长期视野也与此有关。许多人认为，亚洲金融体系比英美金融体系更好，因为英美金融体系更强调证券市场、季度损益报表和短期视野。据说日本的资本很有耐心，正在等待度过暂时的低迷期。现在，这一切看起来都不一样了，美国式资本主义看起来要好得多。我们现在把日本的制度称为亚洲制度，甚至称为"裙带资本主义"。但过度摆动钟摆可能是危险的。那些认为今天亚洲什么都做不对的人不可能比十年前说亚洲不会做错的人更正确。在我看来，亚洲采用日元作为锚定货币的想法从来就不太可信，如今这个想法就更加不可信了。亚洲与美元的联系更为紧密。

现在让我们来谈谈日本。我不会过多讨论日本的实体经济。在经历了 8 年的衰退后，目前日本经济已经实现了两个季度的正增长，日本经济有望走出衰退的阴影。由于这是一次货币会议，所以我主要讨论日元兑美元汇率。我同意罗伯特·A. 蒙代尔的观点，汇率往往是干扰的根源。有时，汇率变动是对干扰的一种反应，而且是一种有用的反应。但我同意，汇率变动往往是干扰的根源，甚至可能更多的时候是干扰的来源，而不是平衡干扰的手段。

在过去二十年里，日元兑美元汇率有过一些非常大的波动。1985年之后，日元大幅升值。在我看来，直到 1993 年，日元升值还是非常合理的。我和许多人一样，认为日元兑美元汇率已经过高，也认为1985 年时美元强势不太合理。在 20 世纪 80 年代初，美元最初的升值是有充分理由的，但美元涨幅过大，而且超出了预期。所以，美元调整是合乎情理的。从那以后，美国一直存在规模庞大的贸易赤字。在我看来，1994—1995 年，日元涨幅过大。我认为，日元在 1995 年超过了其均衡水平，就像美元在 1985 年超过了其均衡水平一样。人们可以推测，为什么会发生这种情况？可能是泡沫通常遵循一种模式：泡沫始于基本面，但随后基本面会趋于平稳，甚至出现逆转。但市场只是被某种迅猛势头冲昏了头脑。

1993 年末至 1995 年期间，当时美国财政部一直希望美元走强，但人们对美国的政策存在明显的误解。这并不是什么新鲜事。现任财政部长劳伦斯·萨默斯发表演讲说，他希望美元走强，而报纸的报道似乎也认为他支持美元走强。自 1993 年以来，他的前任罗伯特·鲁宾也一直在重复这样的话，认为强势美元有利于美国。出于某种原因，市场和报纸都不相信他们。尽管在 1993 年、1994 年和 1995 年美国曾采取干预措施支持美元，但有一段时间市场并未反应。最终，在 1995 年中期召开的七国集团会议之后，市场终于出现了转机。1995—1998 年，我们看到美元相对日元和其他货币的升值相当强劲。在我看来，这也是有道理的，部分原因是我提到过的汇率超调，但同时也是因为美国经济增长非常强劲。

我在经济顾问委员会所做的工作之一是把对美国经济的预测纳入预算过程，我做得很糟糕，因为我连续三年都严重低估了美国经济增长率。我们预测的美国经济增长率为每年 2％，然而每年美国经济增长率为 4％。与此同时，日本经济却出现疲软，和亚洲其他国家和地区的经济发展路径截然不同。由于这些原因，美元走强是有道理的。有些人担心，这会对美国贸易平衡造成影响，形成规模庞大的贸易赤字。但在我看来，最终我们将不得不进行修正。过去三年，美国经济增长如此强劲，而世界其他地区的经济增长如此疲软，强势美元和贸易赤字是很有意义的。通过廉价进口抑制了通货膨胀，通过资本流入压低了利率，这缓解了本来会积累起来的一些压力。

去年，伴随日元兑美元汇率大幅升值，我们再次完成了这个汇率周期。我不想解释汇率的每一次波动，目前我们还很难说日元升值是否合适，这大概与日本刚刚开始的经济复苏有关。但日本人担心由于反应过度，日元会升值过多，而且还会因为出口增长滞后而阻碍日本的经济扩张。因此，日本一直试图进行干预，以压制日元的走强。到目前为止，日本对外汇市场的干预并不十分成功，过去二十年里是如此，去年也是如此。

有两种理论可以解释为什么日本的干预措施未能成功地压低日元和支持美元。第一种理论的解释是，干预措施没有冲销。日本央行声称它不能冲销，换句话说，日本央行允许通过购买美元来增加日本的货币供应。日本央行的观点是，它不能冲销，因为它无法进一步压低利率。我认为这不完全正确。包括大多数美国经济学家在内的很多人都认为，冲销式外汇干预不会产生任何影响，但我认为这也不完全正确。我和密歇根大学经济学家凯瑟琳·多明格斯（Kathryn Dominguez）做了一项研究，研究了自 1985 年《广场协议》以来的外汇干预模式。我们发现，不管干预是否被冲销，通常外汇干预确实会产生短期效果。第二种理论解释也很有道理，那就是除非协调行动，特别是除非美国当局与日本央行联手合作，否则外汇干预将不会产生多大的影响。

上周末（1999 年 9 月 25—26 日）在华盛顿举行的七国集团会议上，我去观察会议的进展，日本一直要求对日元进行协调干预。有些人认为，七国集团可能会达成协议，美国将同意参与干预，日本央行将被迫增加货币供应，换句话说，日本央行将不会对干预措施进行冲销。但这种情况并没有发生，实际发生的是日本采取了一项力度较弱的干预举措。但日本方面表示，日元升值可能不受欢迎，并暗示可能还要对日元进行干预。正如七国集团公报所说的那样，"不希望看到日元升值"的措辞相当激烈，但这只是干预日元的一种暗示。在日本方面，这也是进一步货币扩张的一种暗示。我认为，日本央行可能有点被误解了。日本央行可以声称自己言行完全一致，因为它使用了"在零利率政策的背景下"这句话，表明日本央行根本没有改变它的政策。但我的预测是，美国不会同意在目前的汇率水平上进行干预，所以美元兑日元汇率还会继续贬值。而且，市场条件必须改变，美国才会加入协调干预，就像第一届克林顿政府那样买入美元和卖出日元。

第三个话题是汇率变动是否导致了亚洲危机？认为汇率变动是亚洲危机的原因有几种说法。第一种说法认为，中国在 1994 年的人民币贬值是导致问题产生的根源，因为韩国和东南亚国家在过去十年中一直在迅速增加基本劳动密集型制造业产品的出口。然后，它们将许多产品的生产都转移到了中国。随着中国对消费类电子产品、体育用品、纺织品和鞋类产品的出口增加，新兴工业化国家对美国出口完全相同的产品以同样的速度下降。这种观点认为，亚洲其他国家和地区的贸易逆差最终迫使它们的货币贬值。

我不认同这种观点，原因有三方面。首先，中国在 1994 年只是降低了人民币官方汇率，使其与平行市场汇率水平保持一致，但大多数中国贸易都是根据平行市场汇率进行的。所以，降低人民币官方汇率对它们并没有太大的影响。其次，人民币贬值是名义贬值而不是实际贬值，从而抵消了通货膨胀。人们可能会争论，货币贬值在多大程度上导致了通货膨胀，但以前也发生过相当多的通货膨胀。因此，无论你怎么想，鉴于人民币贬值不是实际贬值，所以人民币贬值似乎不会导致其他国家和地区失去竞争力。最后，从韩国和东南亚国家出口损失的准确时间来看，特别是基本低端制成品的出口，大部分变化都发生在 1994 年人民币贬值之前而不是之后。这很有说服力。

第二种可能性是，我提到的在 1995—1998 年期间日元兑美元汇率贬值是问题产生的根源。人们经常听到这样的说法，一些亚洲国家和地区的货币与美元挂钩，因此当美元兑日元汇率走强时，它们便会失去竞争力，这就是为什么泰国不得不贬值而其他国家和地区也随之贬值。尽管这种说法可能有些道理，但我不相信，原因有以下两点。首先，日元兑美元汇率变动只是扭转了之前日元升值的趋势，我认为日元升值幅度太大了，即使是 130 日元兑 1 美元，也只是重复了 20 世纪 90 年代初日元兑美元的汇率表现。其次，在 20 世纪 80 年代后期和 90 年代初期，当日元非常强势时，人们有些担心东南亚国家的债务问题。当时，令人担忧的是，由于日元大幅升值，一些东南亚国家拥有大量日元债务，因此它们将难以偿还这些债务，印度尼西亚和其他国家相当关注这个问题。但你不可能两全其美：日元升值，使东亚债务国处境艰难；日元贬值，又让东亚国家的经济处境艰难。总体来说，汇率波动确实是一个问题。但我认为，当日元走强时，人们倾向于关注东亚国家的偿债问题；当日元疲软时，人们则倾向于关注东亚国家的出口问题。在这两种情况下，我们都忽略了等式的另一边。

接下来，我将讨论泰国的货币贬值问题，这是导致亚洲危机产生的根源。我们已经了解到，货币贬值往往并不像教科书所说的那样平稳，泰国货币贬值的代价高昂。货币贬值会产生巨大的收缩效应。我在教科书中实际上列出了 10 种收缩效应。但事实证明，其中最重要的收缩效应是那些拥有美元债务但只有本币收入的公司在货币贬值后因无法偿还债务而破产，这对经济会产生收缩效应。我们也了解到危机的传染，危机会转移到其他基本面似乎健全的国家和地区。这其中有很多原因，但我的回答是阿诺德·哈伯格提到的那个原因：当一个国家或地区的外汇储备耗尽时，它别无选择，只能选择货币贬值。

1997 年 7 月，泰国别无选择。如果国际收支出现赤字，而且没有更多的外汇储备，你就无能为力了。几个月后韩国的情况也是如此。1994 年 12 月，墨西哥的情况也差不多。人们可能会说，这些国家应该早点采取措施来保护汇率，比如说采取紧缩货币政策，或者实行货币局制度。但我们不得不承认，到最后真的是别无选择。如果一个国家没有任何弹药，它就无法捍卫本国货币。主流的观点认为吸取的教训是，泰国应该早点退出固定汇率制度，就像 1994 年的墨西哥那样。角落解决方案有一定的道理，该方案认为当一个国家受到攻击时，如果它能够维持固定汇率制度，它就应该采取真正坚定的固定汇率制度承诺；如果它不能维持固定汇率制度，那么它应该在仍拥有外汇储备的情况下尽早退出固定汇率制度。

关于汇率安排如何导致亚洲危机还有另一种说法。一种非常流行的假设是，不是汇率的变动而是汇率的固定导致了问题的产生。我们有一个国际收支危机的模型叫做"投机性攻击模型"，这是基于道德风险的第三代模型。该模型认为，一些公司拥有未对冲的外国债务，它们知道自己在危机中会得到救助，银行也知道它们会得到救助，所以这些公司承担了很大的风险。这就是所谓问题产生的根源。该模型的另一个版本也表明，未对冲的美元债务是问题所在，并可能为采用浮动汇率提供理由。例如，巴里·艾肯格林认为，固定汇率制度使人们产生了一种汇率不存在风险的错觉，因此银行和企业都会粗心大意。它们承担美元债务，是因为它们没有看到风险。一种解决方法是针对未对冲美元债务制定专门的规则，另一种解决方法是实行浮动汇率制度。同样，这是有道理的，但我也看到了一些问题。

首先，我们应该认识到，对于当今大多数新兴市场国家来说，告诉它们不要持有未对冲的美元债务，就相当于告诉它们不要持有债务一样，因为世界投资者都不想以当地货币向这些国家放贷。如果印度尼西亚想借入本国货币，没有人会借钱给它。然后，你可能会说，好吧，印度尼西亚应该借入美元，但必须对美元债务进行对冲。但这仍然无济于事，因为对冲意味着要把印度尼西亚盾的风险转移给通常不愿承担这种风险的外国投资者。这类外国投资者最初可能是一家外国银行，但后来是某个地方的某个外国居民。如果外国投资者不想冒风险，这样做也是行不通的。所以，给印度尼西亚人开出不要以外币借贷的药方就是建议他们不要借贷。世界金融体系无法支撑像20世纪90年代初那样的每个经济繁荣阶段都会出现的高水平资本流动，因为我们似乎总是会遇到一场危机，最终将抑制贷款。

有些人认为，汇率波动将迫使借款人和贷款人共同面对汇率风险，这是支持浮动汇率的论据，他们必须承认：（1）人们在市场中都是非理性的，因为没有汇率波动，他们就看不到风险；（2）当你引入了不必要的波动，不仅仅是浮动汇率下的一些自然波动时，这将降低人们承担非对冲外国债务的意愿；（3）这实际上是一种托宾税，是一种减少资本流动的方法。不必要的汇率波动减少了资本流动，降低了外国债务，因此也会减少危机。但我从未听说过任何赞成浮动汇率的人会把这个观点发挥到极致。

最后，我将讨论"角落假说"。该假说指出，中间汇率制度包括可调整钉住、目标区、爬行钉住和一篮子钉住等，它们都不起作用，因此各国必须转向角落：要么实行固定汇率制度，要么实行自由浮动汇率制度。除了中国香港外，东亚国家和地区确实都没有明确地钉住美元，但它们都钉住各种组合的一篮子货币，其中美元所占的权重较大，而且是窄幅波动。对我来说，具有讽刺意味的是，五年前，我还很难让人们相信日元在亚洲并不占据优势，而美元在这些货币篮子中占据了主导地位。现在，我必须提醒大家，尽管美元在货币篮子中占据主导地位，但这并不是说货币篮子实际上是百分之百与美元挂钩。不过，货币篮子与美元的关系相当密切，特别是在泰国及其他一些国家和地区。

问题在于，这些中间汇率制度应该通过货币局或美元化等制度安排来牢牢固定汇率，还是应该寻求实行自由浮动汇率制度的另一条道路？据我所知，这个假设是过去六年中最新提出的。在 1992—1993 年欧洲汇率机制危机之后，我从巴里·艾肯格林和其他人那里第一次听到这个假说。当时的想法是，我们错误地认为，通向欧洲货币联盟的道路是一条从浮动到较宽汇率波动区间的连续道路：意大利和英国最初将汇率波动区间确定为±6％，随后是±2.25％，再缩小至±1％，一直到把汇率固定下来。但这种做法在 1992—1993 年期间似乎并不成功。另一种选择是采用非常宽的汇率波动区间，例如 1993 年的区间为±15％，在某种意义上这种做法被证明是正确的。有个比喻说，你不能用两次跳跃跨越峡谷，而是必须起跑一大步，然后一跃而过。如果你试图在中途停下来，那么你最终会跌落谷底。我当时对这个比喻持怀疑态度，但现在不得不说它很有道理。

一年前（1998 年），欧元区国家从非常宽的汇率波动区间转变为货币联盟。在 1997—1998 年新兴市场发生危机之后，角落假说（有时也被称为"中间汇率制度消失假说"）成为一个普遍的命题，原因是所有实行中间汇率制度的国家（1994 年的墨西哥、1998 年 8 月的俄罗斯和1999 年 1 月的巴西）都发生了危机。在每一种情况下，中间汇率制度不仅不是一个货币局，甚至也不是一个简单钉住美元的汇率制度，它总是包括一些爬行钉住或波动区间。因此，如果你参与这些国家的政策运作，或者你在美国财政部或国际货币基金组织工作，那么你可能会认为，如果这些国家放弃中间汇率制度，转而实行自由浮动汇率制度，情况就会好得多。因为如果一个国家实行浮动汇率，就不会受到投机者的攻击。另一种可能是走向另一种极端，那就是完全放弃自己的货币，因为这样的国家也不会受到攻击。这也有一定的道理，虽然除了观察到中间汇率制度似乎并不起作用外，我还没有听到任何人为"角落假说"提供理论依据，但有些人认为，"角落假说"来自"不可能三角（impossible trinity）"理论。

"不可能三角"理论认为，一个国家不可能同时实现货币政策的独立性、汇率的稳定性和开放的资本市场。它可以实现其中的任意两个目标，但不可能同时实现所有的三个目标。事实并非如此。因为资本流动性的增加迫使一国在货币政策的独立性和汇率的稳定性之间做出选择，这也不完全正确。确实，金融市场的日益一体化加剧了人们在汇率稳定性和货币独立性之间的选择。但是，在当前的理论逻辑、不可能三角理论或现代金融市场中，没有任何一种理论认为不能两者兼得。尽管如此，中间汇率制度似乎没有很好地发挥作用，这倒是事实。

最后，我想说，我不接受劳伦斯·萨默斯在《经济学人》（*The Economist*）和《外交事务》（*Foreign Affairs*）杂志中所说的新传统智慧，"角落假说"现在是美国财政部和国际货币基金组织奉行的一种政策。我认为，将这一政策应用到所有国家是错误的。到目前为止，国际货币基金组织的大多数成员都实行中间汇率制度。即使你把"有管理的浮动汇率"归类为浮动汇率制度，即使你把法语国家归类为实行固定汇率制度的国家，国际货币基金组织中仍有一半的成员都实行中间汇率制度。在许多情况下，我认为这是合适的。我确实认为，当一个国家在资本市场上受到压力时，当它持有大量债务并暴露在国际投资者面前时，当由于某种原因，例如暗杀、美国利率上升或挥霍的财政政策，人们对该国失去信心时，这样的国家应该转移到安全的角落之一。

这背后的原则是"透明度"，这是个时髦的词语，但我更愿意用"可验证性"这个术语。根据我们的名义锚定理论，你肯定能从钉住一篮子货币或有波动区间的一篮子货币中获得钉住美元的所有好处（可见性和可信性）。问题是，如果你奉行像智利那样的汇率政策，在过去十年的大部分时间里，采用爬行波幅钉住货币篮子制度，当你宣布钉住货币锚时，公众不会信任当局确实在钉住这个货币锚，因为他们无法辨别。观察一下汇率，你无法判断是浮动汇率制度还是爬行波幅钉住货币篮子制度。在钉住美元的情况下，你可以在第二天的报纸上查找汇率，看看是否与前一天相同，你可以立即核实汇率。当一国遵循爬行波幅钉住货币篮子的汇率政策时，你需要一年或更长时间的数据来核实它是否在做它所承诺的事情，公众无法立即验证。当你面对谨慎的国际投资者时，中间汇率制度就不起作用了，这是我所能做的最好的建模。另一种可能是，这种办法只是"这山望着那山高"。因为大多数国家都采用中间汇率制度，当所有这些国家在中间汇率制度上遇到麻烦时，它们都会寻求角落方法，然后下一次角落发生危机时，这些国家又会重新选择中间汇率制度。

讨　论

克里斯托弗·约翰逊：我想对杰弗里关于角落理论的最后一个观点发表评论，即传统智慧认为只有两件事是有效的。第一件事不仅仅是固定汇率，实际上是货币联盟；第二件事是完全浮动汇率。问题是采用一种极端汇率制度的国家会突然转向另一种极端汇率制度，这在经济学中被称为"时间不一致性"。如果金融市场接受这个事实，然后突然放松管制，实行浮动汇率，一个国家一直保持固定汇率对它来说可能是相当有利的。然后，这些国家可能会转向新的汇率固定模式。如果它们真的无法决定哪种汇率制度最有效，它们最终会选择有管理的浮动汇率制度。

我还想评论一下日本和日元在当今三方世界货币体系中而不是在三大货币区中的地位，因为我想我们都意识到，日元作为一种世界货币在日本之外并未被广泛使用。所以，不存在像欧元集团那样的日元集团，也不存在像那些钉住美元的国家组成的美元集团。然而，这三种货币之间的汇率三角关系如今已经成为人们担忧的焦点，甚至是市场波动的关注焦点。部分原因是我们现在把欧元作为单一的欧洲货币。在此之前，我们有不同的货币，这些货币的走势各不相同。在欧洲，除了德国马克外，世界汇率三角关系并没有受到任何关注。现在，我们应当重点关注美元、欧元和日元之间的汇率波动，这些波动令人困惑，在某些情况下不利于相关国家的经济稳定增长。我们说美元对欧元是强势的，但从美国的角度来看，美元对日元是弱势的，也许日元对美国来说是更重要的关系。但这三种货币之间的关系不断变化，货币排名也非常频繁且不可预测地发生变化。而且我认为，除非日元贬值，否则高昂的日元将推迟日本经济复苏。目前，世界经济只靠四个气缸中的三个在驱动，这肯定是我们所有人都担忧的问题。

世界各国央行行长和财政部长们不能对这一非常重要的三大货币关系实行"善意忽视"的政策。我的理想是建立一种简单的世界货币联盟，即 100 日元等于 1 美元、等于 1 欧元、等于 1 加拿大元或等于 1 墨西哥比索。我们需要认真地思考什么才是汇率市场真正的新形势。我们有一个集中的、不稳定的汇率三角关系，三角的每个顶点都非常重要。只关注三角的一条边或两条边而不同时关注所有三条边都是错误的。因此我认为，数学建模者将会花相当长的时间来思考这个问题。

埃布尔·贝尔特伦·德尔里奥：杰弗里，或许我们可以通过观察其他学科的发现来了解金融市场。我突然想到，例如，在政治科学中，很明显混合政体是实践中推荐的制度，不存在纯粹的民主、贵族或寡头政治的制度。我们在实践中融合了每种制度的优点。这对您有意义吗？我还想到了我曾学过的一门海事工程学课程，为保持稳定性，其中一个系统是由许多部件组成的，流体突然大量从系统的一个部分流动到另一个部分，使系统保持漂浮状态。您正在进行的研究中是否有些在实践中表现良好？

罗伯特·巴特利：我想把马来西亚的情况提出来讨论一下，因为上周我和马哈蒂尔·穆罕默德（Mahathir Mohamad）总理共进了一次非常有趣的午餐。午餐的主题是试图让他阻止马来西亚法院把我们的记者关进监狱，以及不要让他的儿子以起诉我们作为其收入来源。但我们也谈到了他的经济计划。为了应对危机，马来西亚实行了资本管制。马哈蒂尔说，他们想做的第一件事就是固定汇率，以便企业能够制订计划。所以，马来西亚对资本外流进行了控制。从那时起，企业必须在过去五年中赚取利润后才能将利润转移到国外。一年后，他声称，与出售贷款相比，他为投资者节省了大量资金。马来西亚还禁止以前在新加坡进行的本国货币和股票的离岸交易，并通过了禁止将印尼盾汇回马来西亚的规定。这样做是为了防止对冲基金获得货币和股票并做空它们。这意味着印尼盾仍然是可以兑换的，你可以把美元换成印尼盾，也可以把印尼盾换成美元，只是你必须在吉隆坡进行这样的操作。我不完全相信他对这些法律的解释，但在我看来，相对于印度尼西亚人以放任自流的方式应对危机，这不一定是对危机最糟糕的回应。我不知道大家对此有何想法。

赫伯特·格鲁贝尔： 在印度尼西亚和马来西亚的货币大幅贬值后，教科书上的描述让我想到了向通用汽车公司全球所有工厂供应挡风玻璃雨刷的一家制造商。既然这家制造商的成本已经下降了这么多，为什么它不能让向世界市场提供挡风玻璃雨刷的其他厂商倒闭呢？当然，重新谈判合同需要一段时间。但您的描述中没有提到的一点是，即便这家制造商拥有完美的商业计划和商业合同，仍然没有人会借钱给它。因此，我想知道，银行体系的脆弱性在多大程度上影响了危机的深度和持续时间。您根本没有提及这一点。

杰弗里·弗兰克尔： 让我先来回答赫伯特的问题。我没有详细说明，但我认为赫伯特是对的。在墨西哥货币贬值之后，我听说一些出口商无法出口是因为它们无法获得中间投入品。人们经常听说无法获得生产或进口贷款，但在亚洲危机中有一件事相当引人注目，那就是印度尼西亚、韩国和其他地区的企业之所以无法出口，是因为它们无法获得营运资金贷款，尽管它们的产品价格非常具有竞争力。这确实令人惊讶，我把这归因于未对冲的外国债务。这是货币贬值并不总是像教科书所说的那样能够刺激出口和产出的众多原因之一。

之前，罗伯特·巴特利正确地指出，由于这个原因和其他一些原因，印度尼西亚的情况非常糟糕，没有什么事情能比当时的情况更糟了，我倾向于同意这个观点。这就是为什么麻省理工学院经济学教授保罗·克鲁格曼说，尽管我们不喜欢资本管制，但我们中的许多人仍然认为，在经济繁荣时期，对银行短期资金流入进行智利式管制有一定好处，尽管几乎没有经济学家会喜欢控制资本外流。但是，这也要看情况，当事情变得非常糟糕时，也许你不得不放弃"不可能三角"中的一部分即开放的资本市场。顺便说一下，剑桥学派和马萨诸塞学派的"不可能三角"是克鲁格曼、哈佛大学经济学教授杰弗里·萨克斯（Jeffrey Sachs）和麻省理工学院经济学教授鲁迪格·多恩布什（Rudiger Dorn-busch），因为他们在任何时候都持有不同的立场。最近，多恩布什的立场是发展中国家应该放弃货币独立，并建立货币局，他是一个皈依者。萨克斯的立场是发展中国家应该放弃汇率稳定，它们的货币应该贬值。克鲁格曼的立场是各国应该放弃金融一体化，实行资本管制。虽然我认为当马哈蒂尔接受克鲁格曼的建议时，克鲁格曼有点震惊，他写了一封信说："我不是针对您"。但我认为，这只是因为他不喜欢马哈蒂尔，就像我们都不喜欢马哈蒂尔一样。

我不认为结果证明克鲁格曼的建议是错误的。当然，马来西亚的经济并没有崩溃。另一种观点认为，资本管制来得太晚，所以不可能把事情搞得更糟，而且经济已经开始复苏。我们并没有一个定论，但可以排除这种可能性：一旦一个国家实行资本管制，它注定会失败，因为国际金融界会对此深恶痛绝。据我所知，现在人们正争先恐后地把钱投回马来西亚。即使在这种情况下，我也不准备支持对资本外流进行控制，但这确实让人深思。罗伯特，我从没想过我会听到《华尔街日报》的编辑说愿意放弃南方共同市场的自由贸易区，并愿意放弃自由资本市场，但也许货币稳定足够有价值，值得我们放弃这些东西。

现在，让我来回答埃布尔提出的问题，中间汇率制度是不是一个理智的假设？他使用了政治科学家的比喻，但实际上，经济学家在谈到内部解决方案时几乎都有一个信条，认为生活中的一切都是一种权衡。权衡是经济学家思考的基础。在这种情况下，需要在汇率稳定的优势和货币独立性的优势之间进行权衡，在座的许多人都雄辩地讨论了这个问题。直到最近，人们还是会认为，对大多数国家来说，适当的答案是介于两者之间的一种中间解决方案，你可以从汇率稳定中得到一些好处，也可以从货币独立性中得到一些好处。现在，这一点已经没有以前那么清楚了。我个人更相信中间解决方案而不是角落解决方案。但我认为，角落解决方案最适用的地方是最优货币区。我对最优货币区的定义是一个拥有自己货币的地理区域。如果你把最优货币区画在一个太小的区域，仅仅是圣米格尔德阿连德市，那就没有意义了，因为所有外来者每次进出城门都要兑换比索。一个非常小而开放的地区不可能拥有自己的货币。此外，我也不认为全世界应该使用一种货币。一种货币制度的最佳规模是中等的，介于圣米格尔德阿连德市和整个世界之间。

罗伯特·A. 蒙代尔：我想谈谈日元兑美元汇率问题以及可能的解决办法。正如你们所知，1948 年，在美国占领下的日本和德国一样采取 10：1 的货币兑换。这一汇率水平一直持续到 20 世纪 70 年代，之后汇率达到了 360 日元兑换 1 美元。这段时期被日本人称为经济突然崛起的时期，日本人均收入和工资率从大约为美国的 10％，变为 20 世纪 70 年代超过美国的 50％。日本经济快速增长仍在持续，到 20 世纪 90 年代，按当前汇率计算，日本的人均收入已接近与美国持平。但自 20 世纪 80 年代以来，日元兑美元汇率一直存在着一大问题，这反映在日本与美国在汇率问题的争吵上，这种情况始于 1985 年 9 月的《广场协议》。《广场协议》的整体构想是让五国集团（当时包括被纳入国际货币基金组织特别提款权篮子的五个国家）一起讨论，以便它们可以向日本施加压力，迫使日元升值。但是，《广场协议》把调整的全部压力推给了日本，日本被迫采取紧缩性货币政策，导致其债券市场的崩溃。日元确实升值了，但一开始升值缓慢，直到石油价格暴跌，日本的贸易条件得到很大改善之后，日元才出现了大幅升值，当然，我们知道，到 1988 年 1 月，美元兑日元汇率跌到了 120。

我记得 1987 年在苏黎世举办的一次会议上，我问过索尼公司创始人盛田昭夫，在 1 美元兑 120 日元的汇率情况下，日本公司能否生存下来。他的回答是，一开始会很艰难，但他认为，如果这一汇率水平能够持续几年，他们就能生存下来。

1988 年 1 月，我应邀为一家日本报纸写专栏。我在专栏中建议，为了阻止日元升值（当时汇率已经接近 120：1），日本银行应该干预远期市场，为美元提供支撑。当时，就像今天一样，人们对外汇干预的有效性持怀疑态度，因为中央银行可以承诺投入的资金数量仅占市场日成交量的一小部分。但是，一旦一个国家坚定地承诺特定的远期汇率，事情就会变得非常容易。只要迅速宣布对远期市场进行大规模干预，你就

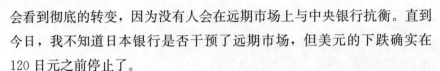

会看到彻底的转变，因为没有人会在远期市场上与中央银行抗衡。直到今日，我不知道日本银行是否干预了远期市场，但美元的下跌确实在120日元之前停止了。

我们知道，1995年，在墨西哥危机之后，美元一度跌至78日元，这是第二次世界大战以来的历史最低点。然后，在1998年，美元飙升至148日元。有投机者表示，美元可能会上涨到200日元。当美元兑日元汇率回落到接近100日元时，一些对冲基金在这个赌注上损失了巨额资金。我无法想象，一种汇率对一个经济体系造成的损害会比这种汇率的巨大波动造成的损害更大，美元兑日元汇率波动对亚洲经济体至关重要。尽管美元兑日元汇率波动对加拿大、墨西哥或欧洲等国家和地区没有太大的影响，但你可以想象，对于在日本和美国都拥有巨大市场的国家和地区来说，这种汇率波动的影响是多么令人不安。

日本的人均收入与美国大致相当，技术水平也接近。两国之间还存在高度的资本流动。但是，日本几乎都是厌恶风险的消费者，高储蓄率导致日本对美国的巨额贸易顺差。这两个经济体在许多方面都是互补的，而且实现了通货膨胀率的趋同。美国和日本实际上通过各种手段已经消除了通货膨胀现象。然而，随着所有这些经常账户头寸的积累，日本在海外拥有巨额资产盈余，其净债权人头寸接近1万亿美元，而美国的净债权人头寸约为1.2万亿美元，因此两国的净债权人头寸可以相互抵消。

在我看来，这两个国家在恰当的意义上具有很强的互补性，它们是货币联盟的理想之选。这可能令人难以置信，但两者在世界范围内有着极好的互补性。如果美国和日本之间建立一个货币联盟，就可以解决亚洲的货币问题。有了共同的货币和皇室的象征，你将拥有一个代表14万亿美元GDP的货币区，约占世界GDP的45%。

日本与美国之间建立货币联盟，可以按照目前欧洲货币联盟所依据的相同原则来实现，需要满足以下五个条件：（1）就合并地区的共同通货膨胀目标达成一致；（2）就衡量通货膨胀的共同价格指数达成协议（如欧盟统计局的调和消费价格指数）；（3）锁定汇率；（4）统一的货币政策，例如，由日本银行和美联储组成货币政策委员会；（5）铸币税的分配程序。

由于这两个经济体规模的不对称，日本银行可以通过非冲销干预的方式（由美国担保！）来承担固定汇率的任务。货币联盟在欧洲体系中运作良好，不存在任何重大缺陷，货币投机活动已经不复存在。如果美国和日本之间建立这种货币联盟，就没有必要跟随欧洲进入充满政治影响的下一步——废除本国货币，转而采用单一货币。

赫伯特·格鲁贝尔： 我参加过一个会议，听取了一家在雅加达设有分支机构但总部在中国香港的投资银行代表的发言。他讲述了这样一个故事：在雅加达有个企业家想借数百万美元，来垄断出租车系统和提高效率。当地办事处不愿意对这个项目投入资金。突然，从中国香港总部传来电报，命令当地办事处无论如何都要贷款给这家企业。然后，该投行雅加达分支机构提供了贷款。原因是什么呢？原来这个企业家是前总统苏哈托的一位亲戚。在贷款获得批准后，贷款企业倒闭了，投资银行也蒙受了巨大的损失。

我们在讨论东南亚问题时，无法避开东南亚经济的结构性问题。这些结构性问题是否已经破坏了银行体系？你能想象，如果他们真的按照计划在马来西亚建造长达一英里的建筑会遇到什么样的问题？这些都是夸大的计划，而不是市场运作。我们正在将教科书模型应用到一个它不适用的环境中，因为我们并没有真正让市场力量以我们编写教科书时所假定的方式发挥作用。

杰弗里·弗兰克尔： 我没有就亚洲危机产生的根源以及可以从中吸取的教训进行完整的演讲，那是一个很长的演讲。我相信我们所有人都能做到，但是还有很多问题没有讨论。我想简要回应一下赫伯特·格鲁贝尔，我认为我们已经了解到，不仅宏观经济政策很重要，裙带资本主义、腐败以及金融体系结构的其他方面问题也很重要。事实上，我为国际货币基金组织辩护，因为国际货币基金组织将其项目的条件限制扩展到了传统的宏观经济条件之外，并涉及一些我认为相关的其他方面，如法治。国际货币基金组织在远离金融体系的地方所能做的事情是有限的，但我认为我们已经学到了很多。因为毕竟亚洲出现了奇迹，这种奇迹建立在良好的基础之上，包括高储蓄率、良好的基础教育、出口导向，甚至是很多人认为有帮助的收入平等分配。这些基础都没有改变，但我们也看到，其他一些事情同样很重要。

接下来，我想回应一下罗伯特·A. 蒙代尔。确实，日本和美国在许多方面似乎具有天然的互补性，而且有人建议两国联姻。日本人储蓄很多，投资也很多，建造了许多工厂，也生产了许多商品。然后，他们把一部分储蓄借给美国人用来购买商品，循环就此完成。1983—1984年，我曾在经济顾问委员会为马丁·费尔德斯坦（Martin Feldstein）工作。当时，在我们看来，美国的财政政策似乎过于宽松，而日本的财政政策似乎过于紧缩。当时的想法是，我们可以让罗纳德·里根担任日本首相，并让中曾根担任美国总统，从而解决所有问题。然后，我们各自都会拥有合适的财政政策。

我同意罗伯特的观点，如果日本真的想，它是可以让日元贬值的。罗伯特强调了远期市场的作用。他表示，任何中央银行如果在远期市场进行足够大规模的干预，它们都可以按照自己的意愿对汇率进行干预。但我必须指出，这正是泰国陷入困境的原因。泰国大力干预以保护泰铢，泰国央行在远期外汇市场上买入泰铢并卖出美元。但是，1997 年 7月 2 日，泰国的外汇储备耗尽。不用说，那时泰铢不得不贬值了。但是，如果日本真的下定决心要让日元贬值，是可以实现的。实现这一目标的标准做法是采取扩张性货币政策，但日本需要停止对日元的冲销干预。在日本，短期利率接近零已有一段时间，日本银行声称它已经竭尽全力，不可能进一步刺激日本经济，因为日本短期利率为零，但这并不完全正确。

第一，日本银行可以购买日本政府债券，因为长期利率并不为零。第二，可能存在一个信贷渠道或财富渠道，通过银行体系或其他方式创造货币，以刺激经济。第三，预期效应。如果日本中央银行创造了大量货币，并提高了对通货膨胀的预期，这将压低实际利率，即便无法压低名义利率。这就是保罗·克鲁格曼的观点。第四，日本同样可以压低汇率。如果日本创造了大量货币，产生了对未来通货膨胀的预期，未来价格水平会更高，从而创造未来汇率将提高和日元会走弱的预期，然后套利会把这种预期传递到现在。所以我同意，如果日本人真的下定决心，他们可以克服日本银行新近获得的独立性，并推动日元贬值。

第10章 国际货币体系的未来

主持人：罗伯特·所罗门

20世纪90年代，发展中国家比所谓工业化国家的经济增长速度要快得多，发展中国家已经成为世界经济增长的"火车头"。这与几十年前许多人心目中的依附论时代（声称发达国家剥削发展中国家）的情形大相径庭，这是一个巨大的变化。众所周知，发展中国家资本流入的增加在一定程度上给它们带来资本流动和冲击的不稳定性。我回头再来讨论这个问题。这是国际货币体系的一大变化。

贸易也实现了增长，其增长速度超过了全世界总产出的增速，使得各国之间的贸易联系变得更加紧密。这也增强了各国之间的相互依赖关系，如同资本流动的增加增强了各国之间的相互依赖关系一样。这两大主要变化在一定程度上导致了我们在这里讨论的危机问题。这些危机也引发了关于如何改变国际货币体系的讨论。

在讨论国际货币体系的未来时，我会总结一下美国对外关系委员会发表的一份最新报告。在克林顿总统的建议下，美国对外关系委员会成立了一个委员会，其中不乏一些十分知名的人士，包括：保罗·沃尔克（美联储前主席）；吉姆·施莱辛格（Jim Schlesinger，雷曼兄弟和战略与国际研究中心高级顾问）；马丁·费尔德斯坦（Martin Feldstein，哈佛大学经济学教授）；弗雷德·伯格斯滕（Fred Bergsten，国际经济研究所所长）；肯·达姆（Ken Dam，芝加哥大学法学教授）；巴里·艾肯格林（加利福尼亚大学伯克利分校经济学教授，此人一直是博洛尼亚-克莱蒙特集团成员）；莫里斯·戈德斯坦（Morris Goldstein，丹尼斯·韦瑟斯通国际经济学研究院高级研究员，报告的执笔人）；约翰·海曼（John Heimann，国际清算银行金融稳定研究院主席）；卡拉·希尔斯（Carla Hills，美国前贸易代表）；彼得·凯南（Peter Kenen，普林斯顿大学经济学教授）；保罗·克鲁格曼（麻省理工学院经济学教授）；尼古拉斯·拉迪（Nicholas Lardy，布鲁金斯学会成员）；彼得·彼得森（Pete Peterson，美国对外关系委员会主席）；比尔·罗兹（Bill Rhodes，花旗银行副总裁）；乔治·索罗斯（George Soros，金融家）以及其他一些人。他们经过一段时间的讨论，发表了这份报告。我将重点介绍他们在报告中提出的一些建议。

我还是先从国际货币基金组织说起吧。国际货币基金组织在减少其成员应对危机的脆弱性以及对危机的两个要素的关注方面继续发挥着重要作用。首先，是危机可能发生的事实；其次，危机具有传染性——当一个国家或地区发生危机时，危机也会对其他地区产生影响。本报告提出各种建议的目的是，即使不能消除危机，至少也要减少危机发生的次数和传染。他们针对国际货币基金组织应该如何处理其与成员的关系以及适用于成员的贷款条件提出了一些建议。这些建议包括所谓"良好的内部管理"的一些措施：稳健的宏观经济政策；遵守国际金融标准，包括信息传播，遵守巴塞尔协议原则；以及努力建立国际货币基金组织以外的流动资金来源，以便在需要时提供支持。

该委员会还建议，国际货币基金组织应当将业务重点聚焦到宏观政策和汇率问题上，这是我们经常讨论的两个宏观经济变量。此外，我应该补充的是，他们还为另一个被广泛提出的建议做了宣传，即当一个国家确实陷入危机时，国际货币基金组织必须以某种方式将私营部门的贷款人纳入危机的解决方案，"集体行动"就是这个意思。私营部门也应当共同参与解决问题。

该委员会毫无保留地提出的另一项建议是，提议对资本流入征收智利式税收。这项税收的税率为1％，不会持续征收。它构成了一种无息准备金要求，相当于资本流入一国的第一年税收，其目的是阻止短期资本在该国的流入和流出。顺便提一下，这与杰弗里刚才提到的托宾税有很大的不同，托宾税是针对外汇交易进行征税，而这项税收主要针对发展中国家的资本流入进行征税。

说到汇率，这不会让在座的所有人都感到满意。他们建议发展中国家避免采用钉住汇率。他们还表示，国际货币基金组织不应当为支持钉住汇率提供贷款，并建议新兴市场国家实行有管理的浮动汇率。我刚好有点赞同这项建议。在货币局看起来合适的情况下，他们也不排除设立货币局，正如阿根廷的情况。而且，他们也不排除在"特殊情况"下实行货币局的可能性。

该委员会还建议，国际货币基金组织应当坚持其正常的贷款上限，但应该能够提供更多的贷款来应对危机的蔓延。他们建议，在国际货币基金组织内部设立一个新的传染机制，以取代补充融资机制和新的或有信贷额度机制。他们还建议国际货币基金组织建立一个新的更大的机构来处理危机传染问题。

我总结了该委员会提出的一些主要建议，因为国际货币体系未来可能会采用这些建议。我认为这是关于国际货币体系未来的一套合理化建议。特别地，由于我们花了很多时间来讨论汇率问题，我认为很有趣的是，尽管在这群杰出人士中存在一些意见分歧，但他们大都建议大多数发展中国家实行有管理的浮动汇率制度。当然，弗雷德·伯格斯滕并不赞成这个建议，他希望设立汇率目标区。该委员会的一些成员赞同他的观点，但他们只是少数。

最后，我想说，当我们展望未来时，我不知道日本和美国是否会建立一个货币联盟。但是，从今年（1999年）1月开始，我们在欧洲确实建立了一个货币联盟，这肯定会改变国际金融体系的性质。正如我们已经讨论过的那样，从某种程度上看，欧元对国际货币体系的影响还有待观察。有人预测，比如我的朋友弗雷德·伯格斯滕在《外交事务》上发表的一篇文章中预测，将会出现一场美元被大量兑换成欧元的热潮，但我们尚未看到这一迹象。

我个人认为，我想我已经不止一次地写过，欧元作为储备货币的作用会随着时间的推移而逐渐增强。这似乎是一种合理的预测。不过，这并不是美国人应该担心的事情。欧元区成为储备货币中心之一，对美国不会造成任何伤害。我并不认为，美国的储备货币职能会像 20 世纪 60 年代戴高乐（de Gaulle）将军所质疑的那样具有过分的特权。确实，美国为外国中央银行在美国的存款支付利息，我们可能会从中获得一点利益优势，但这并不是巨大的利益，所以，我们不担心失去它。这就是我对国际货币体系未来发展的一些看法，尽管这个展望并不完整，但足以开启我们的讨论。

讨　论

斯文·阿恩特： 谢谢，罗伯特。我想听听与会者的意见，国际金融架构是否需要改革。如果需要，那么应该如何进行改革？如果不需要，为什么说目前的国际金融体系可以完全胜任？罗伯特建议，最近的改革可能需要对国际金融架构进行一些调整，美国对外关系委员会报告提出的一些改革相当表面和微观。尽管国际货币基金组织仍然存在，但其权限范围已有所缩小。

罗伯特·所罗门： "架构" 一词有点夸张。有些人说，我们实际讨论的是改变管道，也许还要搞点内部装饰。这些并不是正在讨论的国际金融体系的巨大变化，但 "架构" 一词不知道为什么变得很流行。我确实提到了两三个很重要的建议。

阿诺德·哈伯格： 我的第一个主张是，我在发展中国家游历了四十多年，根据我自己的感受，国际货币基金组织和世界银行获得的利益远远超过了它们的成本，后者获得的好处要少一些。所以，我认为我们不能把它们视为贷款机构。我曾被要求为一位世界银行行长写一套指导方针。我说，你能做的最糟糕的事情就是把世界银行看作一个贷款机构。

不妨看看下面的情况：前一年，世界银行的贷款总额为 70 亿美元。再考虑以下想法：假设世界银行没有借出那 70 亿美元，而是把这 70 亿美元借给了印度。再假设印度完成了不可能完成的事情，以 20％ 的实际收益率投资 70 亿美元，这将产生 14 亿美元的收入，这恰好是印度 GDP 的 1％。也就是说，世界银行贷款可以让一个国家的经济增长率一次性增加 1％。如果想在十年内让印度的经济增长率提高 1％，世界银行必须重复 10 次这样的贷款。所以，这并不是世界银行的使命。

罗伯特·所罗门： 我可以说，我根本没提到世界银行吗？

阿诺德·哈伯格： 我明白。我之所以用这个例子，是因为国际货币基金组织也属于同一类国际组织。如果国际货币基金组织贷款的结果是 10％、15％ 或 20％ 的实际收益率，再乘以已发放的贷款金额，就可将该结果视为受援国 GDP 的增量。尽管与该国 GDP 相比，这个增量只是很小的一部分。

罗伯特·所罗门： 那您为什么不把它与借款国的国际收支需求进行比较呢？

阿诺德·哈伯格： 不管怎样，我认为，国际货币基金组织和世界银行能够发挥积极作用的地方在于，它们提供的经济建议比受援国的平均情况要好，极大地改善了这些国家的经济政策。在 75％ 的案例中，各国优秀的技术官僚们在他们的经济建议中一直都坚持国际货币基金组织提供的政策建议，这促使他们国家制定了更好的经济政策。所以，我们必须从这些方面来考虑国际货币基金组织和世界银行的作用。

我认为，国际货币基金组织对墨西哥的救助是一件好事，特别是因为如果墨西哥没有得到援助，阿根廷就会破产。这是一个非常有趣的转折。然而，我认为，除非从更广泛的政治角度来看，否则我们很难证明国际货币基金组织对东欧国家特别是对俄罗斯提供救助是合理的，国际货币基金组织可能认为俄罗斯拥有巨大的核武器库。但是，如果抛开核问题不谈，如果国际货币基金组织要在其他国家做类似的事情，我认为我们都应该反对。所以，美国对外关系委员会提出的一些机制可能是好事。但是，人们确实需要担心的是，国际货币基金组织的资产用途远远超出了稳定经济的目的。我认为，当涉及政治领域时，应该动用政治资金来执行这些政策。

罗伯特·所罗门：这与这份报告是一致的。

福斯托·阿尔扎蒂：当我们提出"架构"的问题时，我们也需要考虑架构背后的工程问题。我们预计国际金融体系将发生什么变化与我们预计全球经济将发生什么变化密切相关。在过去十五年中，我们正朝着更加自由的贸易和资本流动的方向发展，但我们并没有像维多利亚时代的大不列颠和平时期那样出现劳动力更加自由流动的趋势。这是一个重大问题。我们是否期望贸易和资本流动进行所有的调整，让劳动力成为一个固定要素？

我想提出的第二个问题是"新经济"是否真的存在？是否真的正在发生一场新的工业革命，促使我们走向一种以知识为基础的信息经济？如果真的是这样的话，我们需要什么样的国际货币体系来支持这种信息经济？因为信息经济与基于制造业产品和初级投入品从一个地方流向另一个地方的传统经济截然不同。信息的移动速度也相当不同，它采用了网络形式而不是双边或三边关系。所以，信息经济是一种更加复杂的经济。那么，信息经济将如何影响货币关系？尽管华盛顿共识类型的传统智慧，有着非常漂亮的外表和非常不错的赞助机构，但传统智慧不会给我们带来任何好处，实际上还可能会造成很多伤害，因为它阻止了我们对真正发生的事情进行公开讨论。

最后，我有两点评论。首先，集体行动问题非常重要。在国际关系学科中，集体行动是一个经典问题。如果没有一个霸权国家来维护稳定，那么在发生重大系统性危机时，就没有办法确保这种稳定。因此，如果是这样，我们是否会看到世界上有两个霸主（欧洲和美国）？还是像有人建议的那样，有三个或者只有一个霸主？谁将在全球经济中承担霸权角色的责任？

其次，简单说一下智利税问题。我认为，考虑到墨西哥的经验，智利税的问题在于，如果一个国家想要防止短期资本的流入和流出，它在第一种情况下是吸引不到资本的。我们在墨西哥遇到过这种情况。我们能拥有短期资本，是因为我们故意用非常高的短期利率来吸引资本。然后，当墨西哥和美国之间的利率关系发生变化时，当资本离开时，我们就会抱怨。自由裁量权的政策决定人为地吸引了短期资本，但从长远来看，这些政策都是不可持续的。所以，当经济形势发生变化时，如果短期资本消失了，我们不应该抱怨。

杰弗里·弗兰克尔：我将试着在这个"架构"上加入一点结构。由于"架构"这个术语有许多定义，所以它比实际汇率或最优货币区更需要定义。我认为，在亚洲金融危机期间，当我们正在研究如何降低未来危机的发生频率和严重程度时，美国财政部长罗伯特·鲁宾推广了"架构"这个术语。改革建议通常聚焦于国际金融架构的三个属性之一：汇率机制、资本流动的程度以及是否存在全球最后贷款人以及最后贷款人的性质。同样重要的是，我们需要区分正在讨论的改革水平。最根本的改革是与改变建筑基础有关，这在政治上是不可行的。这并不意味着我们不应该讨论最根本的改革，但我们可以用不同的方式甚至在不同的场合来讨论它们，而不是做些更为实际的小修补。

在汇率制度方面，最根本的改革是全世界都使用一种共同的货币。在资本流动方面，一般会采取严格的资本管制来降低资本流动的程度。或者，资本流动也可以实行完全自由化，就像几年前国际货币基金组织打算做的事情，修改协议条款，使资本账户可兑换成为每个国家都必须做的事情。在全球最后贷款人方面，真正根本性的改革是，一方面，废除国际货币基金组织，对此会有一些支持者；另一方面，建立一个真正的最后贷款人，可以在全球范围内印钞，这也是一种极端的建议。

不那么极端的改革建议类似于对外关系委员会报告中提出的那些建议，我将其描述为内部装修，在房子里移动一些墙体。更加温和的建议就像七国集团和二十二国集团在 1998 年 10 月的国际货币基金组织年会上准备提交的改革建议，更像是室内装饰，因为它们只是在边际上做了很多小修补，但对汇率制度几乎没提建议。在资本流动方面，这些建议还没有像智利税那样深入，美国财政部对这种事情不感兴趣，但它们确实说过这个想法是有道理的。

我们没有过多地讨论资本流动的构成，但相对于总资本流动而言，这似乎是决定哪些国家会陷入困境的一个重要因素。如果你观察对总负债、经常账户赤字或债务与 GDP 之比等预警指标的统计研究，这些指标并不能很好地预测哪些国家会陷入困境。但短期的、以美元计价的或以银行为中介的资本流入的比例，特别是如果你把这个指标值与外汇储备水平比较，就可以很好地预测哪些国家会陷入困境。

七国集团和二十二国集团表示，不要再为抑制短期资本流动而对短期资本征税了，我们遇到了相反的问题。韩国实际上是在没有放开长期资本流动和直接投资的情况下放开了短期资本流入，泰国则不遗余力地建立了一个国际银行机构来增加短期借款。在贷款人方面，巴塞尔银行行为规则不鼓励银行向新兴市场国家政府出借短期证券，这些短期证券的风险评级较低，因为这些钱都是借给政府的，会导致更多的贷款，所以这可能是一个问题。

关于最后贷款人，美国对外关系委员会报告中提到最多的是私营部门需要更多地参与救援行动，以减少道德风险。还有，每个人的改革清单上似乎都有一条修补条款，允许修改债券和贷款合同，以便在国家陷入困境时，在多数债权人投票的情况下，可以对债务进行重组，而不是让少数债权人可以坚持反对重组。

最后，让我来探讨一下中间层面的一些问题，也就是罗伯特提到的美国对外关系委员会报告中的一些内容。顺便提一下，这是受到了克林顿总统去年（1998 年）在世界银行与国际货币基金组织会议上向美国对外关系委员会发表的演讲的启发。在我看来，这是一个转折点。在俄罗斯违约之后，贷款人似乎非常厌恶风险，看来我们将会普遍地受到影响。我们采取了一些措施，其中一些措施包含在总统的演讲和七国集团的报告中，也许最重要的措施是美联储主席艾伦·格林斯潘降低了利率，世界上其他中央银行也纷纷效仿。我认为，这一系列措施确实起到了作用。以下是罗伯特提到的对外关系委员会报告中最重要的三个建议。在汇率制度方面是角落假说，他们建议避免采用中间汇率制度；在资本流动方面，他们支持智利税；在最后贷款人方面，他们反对大规模的救助，希望回到国际货币基金组织的项目中去，保持原来的限额，而不是像墨西哥、韩国和泰国那样进行超大规模的救助。

我个人的看法是，这要视具体情况而定。是的，当一个国家处于经济周期的某个阶段，出现以美元计价的短期银行贷款形式的过多资本流入，以及你不知道这些资金是否有良好用途时，就需征收智利税。这是拖延时间的好办法。这也许只能为你争取几年的时间，但也有所帮助。角落假设也是一样。是的，在危机中的某些情况下，为了安全起见，需要躲进角落，但这并不意味着所有国家和地区都应该一直待在角落里。

朱迪·谢尔顿：我们不断听到这样的言论——需要重建国际金融架构——并不是说这种言辞过于强硬，而是在我看来其行动过于软弱。一年前（1998年），正如杰弗里所说，克林顿总统和鲁宾部长正在谈论第二次世界大战以来最严重的全球经济危机。就在一年前，国际货币基金组织向美国国会寻求180亿美元的新资金。这确实到了关键时刻。我记得，当时在一次午餐会上，我就坐在墨西哥中央银行行长吉列尔莫·奥尔蒂斯（Guillermo Ortiz）的旁边，每个人都感到非常沮丧。众议院多数党领袖、众议员迪克·阿米（Dick Armey）直率地对那些人说，他认为国际货币基金组织不是在救火，而是纵火者。我认为迪克·阿米不是那种会被说服的人，因为美国对外关系委员会认为国际货币基金组织发挥了重要作用。我们中很多人都听说过美联储主席艾伦·格林斯潘在一次演讲中说，墨西哥危机是新全球经济的第一次危机，亚洲危机是第二次危机，他预计还会有第三次危机，因为我们尚未解决全球金融领域的问题。我认为俄罗斯很可能发生第三次危机，长期资本管理公司（对冲基金）将紧随其后出现崩溃。

我想说的是，我们很幸运。我们几乎已经忘记了一年前的经济情况有多糟糕，其影响有多严重。格林斯潘确实降低了利率，我们似乎已经渡过了这个难关，但谁知道还会发生什么？因此，我的感觉是，这里概述的改革不仅是温和的，而且毫无意义。试图区分钉住汇率与认为国际货币基金组织不支持钉住汇率而支持有管理的浮动汇率，这并没有太大的区别。我的意思是，有管理的浮动汇率是在玩一个游戏——政府拥有一个隐含的钉住汇率制度，它们不断积累外汇储备，如果快要失去钉住汇率目标，政府就会开始干预市场。不同的是，政府不会亮出底牌，而是会不断地改变汇率，让汇率在必要时贬值。但是，这在原则上与钉住汇率是一样的。让我担心的是，这是老生常谈，当雷雨来袭时，你不能爬上屋顶去修理漏洞。但当雨停了，你又没有必要爬上屋顶修理漏洞了。我认为，我们有机会做出一些根本性改革，以避免未来发生更严重的危机。因为如果我们不这样做，全球经济将面临非常大的危险。

戴维·安德鲁斯：我认为，朱迪提出了一些很有趣的观点。杰弗里认为我们是在装修改造，移动几面墙体，而朱迪似乎相信我们是在泰坦尼克号上移动躺椅。实际上，我更倾向于朱迪的观点，因为我看到国际货币关系正在形成。杰弗里认为不存在日元集团，我认为他的观点很有说服力。因此，我们只有两个主要的货币区（美元区和欧元区），它们在经济上基本是自给自足的，所以，它们的货币政策只会边际地考虑汇率问题。

对美国和欧盟的公民来说，奉行"善意忽视"的汇率政策可能是件好事，但这个政策对那些在这两大货币集团之间拥有高度多样化贸易的国家和地区的影响如何？在罗伯特·所罗门描述的贸易高度相互依存、大规模资本流动和金融相互依存的世界中，那些不太适合将货币钉住美元或欧元的国家和地区会发生什么情况呢？我认为，对于它们的困境，以及如何更认真地修改国际金融架构来解决这个长期问题，人们的关注还不够。

罗伯特·A. 蒙代尔：在今天的报纸上有一篇题为《国际货币基金组织的批评》（The IMF Criticized）的文章，其中说了一些有趣的事情。德国央行副行长尤尔根·斯塔克（Jürgen Stark）表示，国际货币基金组织应当将重点从贷款转向对危机的预防。他认为，国际货币基组织与世界银行之间有太多的重叠和重复。其中，国际货币基金组织应该专注于货币、财政和汇率政策以及金融部门中的银行业改革。国际货币基金组织应该减少贷款，更多地专注于对危机的预防。对国际货币基金组织融资需求的不断增加反映出对该组织的监督工作不尽如人意。一般来说，监督工作越成功，对国际货币基金组织融资的需求就越少。我同意这个观点。

我认为，国际货币基金组织必须接受一定程度的批评，因为它在监督工作方面表现拙劣，导致未能预见 20 世纪 90 年代的危机。但我认为，这不是对国际金融架构的改变，这只是另一种策略。

该文章还长篇讨论了巴西的一项新政策，该政策是将 100 亿美元的债务与美元挂钩，押注雷亚尔兑美元汇率保持不变，并通过减少预算赤字为巴西政府节省大量资金。这是朝着错误的方向迈出的一步。我之前曾多次建议，如果我能做出一项改变，那就是让立法机构禁止政府借入外币，这将迫使各国恢复本国资本市场和货币体系的稳定。我知道，这在今天听起来很乌托邦，但如果在 19 世纪或 20 世纪早期，任何一个大国不得不为本国货币提供担保，这都将被视为一种莫大的侮辱。

1971 年 1 月 12 日，在财政部顾问会议上，约翰·康纳利被任命为美国财政部长，保罗·萨缪尔森和罗伯特·所罗门都参加了那次会议。在会议上，多数人坚持认为，财政部应该对所有美元余额实行黄金担保。我对此感到震惊。从短期来看，这似乎是合理的，因为这将使各国对其美元余额感到更加满意。但我认为，从长远来看，这将是一个灾难性的错误，因为美元是国际货币体系的中心。试想一下，如果美国为美元余额提供黄金担保，之后发现黄金价格已飙升到每盎司 850 美元以上（就像 1980 年那样），那会发生什么？对债务或货币或外币借贷实行指数化，可以减轻政策制定者恢复货币稳定的压力。我认为，我们需要加强对恢复货币稳定的关注。

布雷顿森林会议认可的国际货币体系重新建立了以美元为基础的固定汇率体系，后者承诺以每盎司 35 美元的法定价格自由买卖黄金。这一安排实际上是对美国经济已经成为世界经济霸权这个现实的一种适应，美国经济规模比最接近的竞争对手大了好几倍。1914 年前那种对称的国际金本位制将不再有效，它的有效性完全取决于美联储的政策。由于第二次世界大战、战后通货膨胀以及越战期间欧洲国家对美国政策的日益不满，35 美元的黄金价格已经过时，导致国际金本位制在 1971 年的崩溃。国际货币当局不但没有改变黄金价格，反而摧毁了国际金本位制。现在，人们渴望国际货币体系有一种新的架构。

现在谈论 1999 年国际货币体系的新架构可能还为时过早。我们正处于欧洲的一场革命性变革之中。欧元已经形成，但要到 2002 年才能流通。在此期间，欧洲不可能考虑新的国际金融架构，最好的时机是在欧元站稳脚跟之后。出于这个原因，我认为，在未来几年内，国际货币体系改革不会发生重要的进展。我们正在走向一个以三大主要货币集团为特征的世界货币结构，美元、欧元和日元货币集团占世界 GDP 的60%，并将成为国际货币体系的主要参与者。我相信，未来国际货币体系的改革方向将以三个货币集团的现实为基础，建立一种稳定或至少可以缓解美元兑欧元、日元兑美元和日元兑欧元汇率不稳定的机制。

但这还不够。如果世界上较小的国家想要实现稳定的汇率安排，就必须选择美元、欧元或日元，这种新的国际货币体系并不特别具有吸引力，因为这些货币集团总是会受到政治压力的影响。巴拿马是美元集团的成员之一，还记得在诺列加时期发生的事吗？当时美国施加了政治压力，冻结了巴拿马的美元余额。美国可能是完全正确的，也许诺列加（Noriega）将军是个坏人，但他的政策可以被政治化，这意味着巴拿马需要有某种替代美元的货币。我希望，国际货币基金组织成员能够创造一种世界货币，也许这种世界货币可以建立在美元—欧元—日元固定汇率货币联盟的平台上。今天，我们可能离这一发展目标还很遥远，但正如中国人所说的，"千里之行，始于足下。"

不过，我认为，有可能出现一个非国家货币的中立集团（黄金集团）。19 世纪国际金本位制（以及复本位制）的伟大之处在于，它在没有实现政治一体化的情况下促进了货币统一。当今世界的政治一体化不足以在纸币高估的基础上实现货币联盟。正因为如此，仍然是第二重要的国际储备的黄金可能会有一个货币的未来。黄金的其他优势还包括历史声望和长期保值能力。与外汇不同的是，黄金不是任何国家的负债。

尽管如此，反对黄金的声音仍然很大，"黄金恐惧症"依然严重。然而，我不知道我们是否能够达成共识，重建一种金本位制，或者更有可能的是建立一种"黄金集团"货币区，与美元、欧元和日元货币区相互竞争。重新使用黄金的一个必要条件是，取消目前阻碍它作为货币流通的税收，使其"合法化"。

赫伯特·格鲁贝尔：我将采取一种极端的立场——让我们摆脱国际货币基金组织。现在，我想证明这一点，尽管我在情感上很难做到，因为在 20 世纪 70 年代，企鹅出版社出版了我的一本非常成功的教科书，曾修订过三次并被翻译成西班牙语出版，在全世界卖出了超过 10 万册。我还曾两次参加一个经济学家小组，围坐在国际货币基金组织执行办公室的办公桌旁，向执行董事们提出各种建议。因此，我非常喜欢国际货币基金组织。但大约 1 个月前，我在朝圣山学社听到了一场充满感染力的演讲，罗伯特·巴特利也在场，发表演讲的是乔治·舒尔茨（George Shultz）。你可能记得乔治·舒尔茨是一位经验丰富的人，他是来自麻省理工学院的专业经济学家，曾担任过劳工部长、财政部长、国务卿和预算管理办公室主任。他是唯一曾经担任过四个内阁职位的人。他追随麻省理工学院经济学教授、国际货币基金组织前第一副总裁斯坦利·费希尔（Stanley Fisher），后者刚刚以最优美最优雅的官僚口吻发表了演讲，给出了罗伯特刚才总结的为国际货币基金组织辩护的所有理由。然后，乔治以他独特的方式发表演讲，他说话很慢，不带任何感情色彩。我将根据我的理解简要地总结一下他的演讲内容。

我们需要国际货币基金组织的第一个理由是，危机之后总会出现传染。因此，存在这样一种风险，除非政府和集体采取行动，否则危机将导致经济体系的崩溃，人类将真正遭受痛苦。舒尔茨描述了他在担任财政部长期间纽约有一家大型银行倒闭的情况。他们找到他，要求财政部救助他们的银行，并声称若得不到救助，美国的银行体系将崩溃。舒尔茨拒绝了。现在，我们经常任由银行倒闭，什么情况也不会发生。他还提到，在他被任命为尼克松第一任内阁成员之前，当年 12 月发生了全国铁路罢工。民主党人没有很好地解决这个问题，而是援引了《塔夫特-

哈特利法案》（Taft-Hartley Act）。当他在次年 1 月宣誓就职时，所有人都说，除非他再次援引《塔夫特-哈特利法案》，并利用政府的所有影响力来强制达成和解，否则经济将崩溃。但舒尔茨说，既然他是一位劳动经济学家，就让他们来据理力争吧。他没有援引《塔夫特-哈特利法案》，经济也没有崩溃，罢工结束了，从那时起，再也没有人建议使用《塔夫特-哈特利法案》。预测的严重后果并没有发生。

在另一次朝圣山学社会议上，有一位年轻的俄罗斯人站起来说，国际货币基金组织对俄罗斯造成了不可弥补的伤害。他说，俄罗斯必须征税，才能让国家正常运转。然后，国际货币基金组织天真地表示，在俄罗斯执行新的税收制度后，它会贷款给俄罗斯，为政府提供资金。后来发生了什么？俄罗斯政府官员拿走了所有的钱，但他们并没有建立税收制度。这位俄罗斯年轻人说，如果国际货币基金组织不向俄罗斯提供这笔资金，俄罗斯将不得不建立一种税收制度。他声称，如果没有国际货币基金组织，俄罗斯就不会出现现在的所有经济问题。

需要国际货币基金组织的第二个理由是，国际货币基金组织扮演了一个新的角色，它像一支军队一样介入，说："印度尼西亚，我们知道什么对你有好处，你只有按我们说的去做，我们才会向你提供援助。"舒尔茨说，他理解印度尼西亚政治体系中存在巨大的相互依赖关系。这种政治体系运转正常，也很稳定。由美国支持的国际货币基金组织将介入并摧毁印度尼西亚的大部分政治制度，而不是允许其发展。从外部强加的政治体系解体可能给印度尼西亚人民带来的灾难是无法预见的，印度尼西亚甚至可能会解体。国际货币基金组织把贷款作为筹码，指出"你必须这样做"，但结果只会适得其反。印度尼西亚必须自己解决问题，这本质上是它的一个内部管理问题。

最后，阿诺德·哈伯格说，出于人道主义的考虑，我们需要国际货币基金组织，因为所有这些可怕的冲击都存在。阿诺德，据我所知，很少有人真正意识到这一点，但一些国家声称它们需要资源，这样它们可以更渐进地进行调整，以减少人们的痛苦。但私人资本市场到底在做什么？如果一个国家做了正确的事情，私人资本就会帮忙。

总之，虽然可能存在捍卫者提出的国际货币基金组织带来的一些好

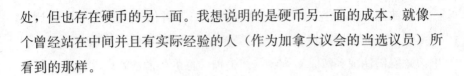

处，但也存在硬币的另一面。我想说明的是硬币另一面的成本，就像一个曾经站在中间并且有实际经验的人（作为加拿大议会的当选议员）所看到的那样。

福斯托·阿尔扎蒂：我的评论很简短。国际金融体系正以令人难以置信的速度发展，金融从业人员总是比应该监管他们的国际组织和政府领先一步。要击中像这样的移动目标是非常困难的。我认为，第一步也是最重要的一步是，提高国际金融体系中各个层面的透明度。

罗伯特·所罗门：我不喜欢"新世界金融架构"这个概念，因为它听起来太宏大了，还需要做许多修补工作，如关于世界金融流动的中央规划等。我还认为，美国对外关系委员会是为了记录传统智慧而存在的，我正是该委员会的正式成员之一。更让我印象深刻的是，乔治·舒尔茨、财政部前部长威廉·西蒙和花旗银行前主席沃尔特·瑞斯顿（Walter Wriston）都在考虑废除国际货币基金组织。我认为，这是一个重要的事实。但我还没有准备好和他们一起废除国际货币基金组织，因为我同意阿诺德的观点，多年来国际货币基金组织的存在可能是利大于弊。在雅克·德拉罗西埃（Jacques de Larosière）担任总裁时，国际货币基金组织似乎运作得很好。但在我看来，国际货币基金组织与米歇尔·康德苏（Michel Camdessus）的合作似乎不是很好。

国际货币基金组织基本上就是美国财政部的一块遮羞布。财政部对国际货币基金组织所实施的政策拥有压倒性的发言权和影响力，但我认为财政部一直做得不是很好。我们最近发生了三次大的危机，出现了一些问题。我个人非常尊重财政部前部长罗伯特·鲁宾。我认为，他在离开信誉扫地的政府时表现出了一种优雅的时机把握意识。但是，我一直在想，如果有了新的财政部和更具信誉的新总统，情况是否会好转？我们不能忽视这样一个事实：我们已经经历了三次大的危机，国际金融架构运行出现了一些问题。这意味着我们需要一个新的国际金融架构，还是仅需要一些小小的改变，仍然是一个悬而未决的问题。

杰弗里·弗兰克尔：我只是想回应一下赫伯特·格鲁贝尔提到乔治·舒尔茨的事情。在 20 世纪 80 年代的国际债务危机中，当舒尔茨在里根政府担任国务卿时，他参与了处理债务危机的战略。这涉及国际货币基金组织对墨西哥和许多其他国家的援助，当时这些国家的货币政策糟糕、预算赤字巨大、国家控制程度很高，而且都是进口替代型经济。在 20 世纪 90 年代，当他卸任时，我们遭遇了亚洲危机。与他在 20 世纪 80 年代救助过的国家相比，我们试图帮助的亚洲国家都奉行更稳健的货币政策和财政政策、更私有化和更开放的经济。现在，他说应该废除国际货币基金组织。他说得很轻巧，因为他已经不任职了。在通常情况下，我们无法进行预测，但既然他曾在任，那么我们知道他会干什么。

赫伯特·格鲁贝尔：也许他学到了一些东西。

斯文·阿恩特：所有美好的事物都要结束，本次会议也必须结束。我只想借此机会感谢与会者，感谢他们允许我追问他们，给他们施加压力，推动他们，我非常享受这个过程。我认为，这是一次很好的会议。我要感谢罗伯特·A. 蒙代尔、保罗·J. 扎克和卢兹玛·布雷顿（Luzma Brayton）组织了这次会议。

罗伯特·A. 蒙代尔：谢谢您，斯文。作为主席，您非常出色和公正。感谢卢兹玛·布雷顿，这似乎不合适，也没有必要，因为她是如此引人注目，大家都知道，她是整个活动的推动者，也是组织天才，她在去年夏天花了很长时间才把一切安排好。所以，卢兹玛，非常感谢您。当然，还有我们的主持人福斯托·阿尔扎蒂。最后，我要对在座的与会者致意：虽然我们为一些问题争论不休，但作为同一个共和国（学术共和国）的一部分，我们怀着良好的友谊进行交流，而这个共和国的座右铭是卓越。非常感谢大家。

图书在版编目（CIP）数据

货币稳定与经济增长：杰出经济学家对话／（加）
罗伯特·A. 蒙代尔，（美）保罗·J. 扎克主编；张国红译
. -- 北京：中国人民大学出版社，2023.4
（诺贝尔经济学奖获得者丛书）
ISBN 978-7-300-31500-3

Ⅰ.①货… Ⅱ.①罗… ②保… ③张… Ⅲ.①货币政
策－关系－经济增长 Ⅳ.①F821.0

中国国家版本馆 CIP 数据核字（2023）第 036098 号

"十三五"国家重点出版物出版规划项目
诺贝尔经济学奖获得者丛书

货币稳定与经济增长：杰出经济学家对话
罗伯特·A. 蒙代尔
保罗·J. 扎克　　　主编
张国红　译
Huobi Wending yu Jingji Zengzhang: Jiechu Jingjixuejia Duihua

出版发行	中国人民大学出版社	
社　址	北京中关村大街 31 号	**邮政编码**　100080
电　话	010 - 62511242（总编室）	010 - 62511770（质管部）
	010 - 82501766（邮购部）	010 - 62514148（门市部）
	010 - 62515195（发行公司）	010 - 62515275（盗版举报）
网　址	http://www.crup.com.cn	
经　销	新华书店	
印　刷	涿州市星河印刷有限公司	
开　本	720 mm×1000 mm　1/16	**版　次**　2023 年 4 月第 1 版
印　张	12.25 插页 2	**印　次**　2023 年 4 月第 1 次印刷
字　数	201 000	**定　价**　62.00 元